基于可持续发展的国有林区系统脆弱性成因分析及路径解决研究

于波涛　著

中国林业出版社

图书在版编目（CIP）数据

基于可持续发展的国有林区系统脆弱性成因分析及路径解决研究／于波涛著．
—北京：中国林业出版社，2013.3
ISBN 978-7-5038-7002-6

Ⅰ.①基…　Ⅱ.①于…　Ⅲ.①国营林场—林业经济—可持续发展—研究—中国
Ⅳ.①F326.23

中国版本图书馆 CIP 数据核字（2013）第 059923 号

出版　中国林业出版社（100009　北京西城区刘海胡同 7 号）
网址　lycb. forestry. gov. cn
E-mail　forestbook@163.com　**电话**　010-83222880
发行　中国林业出版社
印刷　北京北林印刷厂
版次　2013 年 3 月第 1 版
印次　2013 年 3 月第 1 次
开本　880mm×1230mm　1/32
印张　5.5
字数　175 千字
印数　1～1000 册
定价　45.00 元

前　言

国有林区的改革已经到了最艰难的关键时刻了，在这种艰难时刻，又背负起社会经济的快速发展所带来的巨大生态压力。改革是林业区域问题，又不仅是林业区域问题。按照以往我们林业区域发展的政策思路，我们能完全解决问题吗？学术的眼光是挑剔的带有批判性的。以全方位的系统性思考可否带来一种新的探讨？生态如果是一种财富能否促进经济增长？以生态为内生的产业模式如何实现？

21 世纪，人类的发展不仅是经济问题，全方位的生态环境是我们生存和健康的重要依赖。林学家、生态学家，在这种责任面前智慧和力量的涌动汇成灵感和灯塔，引领方向，持续发展。资源的可持续；经济的可持续；环境的可持续是我们在这种责任下必须遵从的理论。从系统的脆弱性角度来分析和试图寻找国有林区可持续发展的路径并最终解决林业区域的产业集群问题，从而解决生态及经济发展问题，是本书遵从绿色理论下的技术方法。科学不是绝对的，能否以更高层次的系统论来完善我们的思考，等待着与学者们的批评与碰撞中产生新的灵感。

本书历时两年完成，基本思路源于在哈尔滨工业大学攻读博士时的思考。哈尔滨工业大学美好的记忆、师生的情谊、智慧的碰撞，成就了这部著作，她凝聚着青春的智慧和思考的力量。谨以此书献给我的亲爱的老师和同学们！

于波涛

2012 年 12 月 30 日

目　录

1

绪　论

1.1　研究背景与问题的提出

1.1.1　研究背景

1.1.1.1　现实背景

目前，135 个重点森工企业和 4482 个国有林场构成了国有林区的主体，是集营林、采运、林产品加工、多种资源开发利用等职能为一体的综合性部门。国家林业局局长贾治邦指出"国有林区政府和职工为保障发挥森林生态服务功能贡献巨大并'牺牲'了经济效益，却未能获得合理的补偿，致使国有林区经济落后、居民贫困，国有林区必须摆脱'越生态、越贫困'的恶性发展循环"[1]。

(1)国有林区生态子系统运行的基本态势与发展脆弱性。中国林业科学研究院依据第七次全国森林资源清查结果和森林生态定位监测结果评估，仅固碳释氧、涵养水源、保育土壤、净化大气环境、生物多样性保护等生态服务功能年价值达 10.01 万亿元[2~6]。国有林区以木材生产为主、具有很强计划经济烙印的林产工业过度地采伐原始林，破坏了森林结构，严重影响着森林生态服务功能的稳定发挥，森林生态体系被日益蚕食，其生态功能的损失无法在短期内得到根本地恢复；依据中国林业科学研究院森林生态定位监测的方法和计算结果，以及国外学者 Robert Constanza[7]，Richard B[8] 和 Terry L Anderson[9] 等学者提出的较为通用的森林生态效益监测方法，可以粗略地估算出 2001～2008 年期间国有林区森林生态效益的损失程度(以经济价值间接体现，见表 1-1)。

表 1-1　2001～2008 年度国有林区森林子系统生态效益的粗略估算价值列表

Tab. 1-1　Ecological benefit values of national forest area from 2001 to 2008

年份	2001	2002	2003	2004	2005	2006	2007	2008
总体生态效益(万亿)	20.96	18.41	16.60	14.27	13.58	12.07	10.97	10.01
递减百分比(%)	1.93	2.17	9.81	14.03	4.89	11.12	9.13	8.77
涵养水源(万亿)	6.716	5.899	5.319	4.572	4.351	3.867	3.515	3.207
保育土壤(万亿)	1.093	0.960	0.866	0.744	0.708	0.629	0.572	0.522
净化环境(万亿)	5.223	4.587	4.136	3.556	3.384	3.007	2.733	2.494
固碳制氧(万亿)	1.264	1.110	1.001	0.861	0.819	0.728	0.662	0.604
防沙护田(万亿)	4.206	3.695	3.331	2.864	2.725	2.422	2.201	2.009
旅游憩息(万亿)	1.111	0.976	0.880	0.756	0.720	0.640	0.581	0.531
生物多样性(万亿)	1.347	1.183	1.067	0.917	0.873	0.776	0.705	0.643

(2)国有林区经济子系统运行的基本态势与发展脆弱性。2008 年，全年国有林区林业产业总产值达到 1.44 万亿元(按现价计算)，低于近 8 年来 19.70%的平均增速。分产业看，第一产业产值 6358.82 亿元，占比 44.14%；第二产业产值 6838.25 亿元，占比 47.47%；第三产业产值 1209.34 亿元，占比 8.39%。林业三次产业的产值结构调整为 44.1∶47.5∶8.4，其中在第二产业中，包括锯材、人造板等在内的木材加工及木竹制品制造业产值为 3232.33 亿元，所占比重最大，为 47.27%。林业产业支撑国有林区经济增长、社会保障、居民就业等多项功能，呈现出 19.18%的平均增长率，占比国有林区工业总产值的 70%以上，国有林区高度依赖日益减少的森林资源和以破坏森林生态效益为代价的粗放式经济增长，必然难以长期维系，分别见表 1-2、表 1-3[2～6]。

表 1-2 2001～2008 年度国有林区林业经济占比与人均总产值列表

Tab. 1-2 Economy operationing data of national forest area from 2001 to 2008

年份	2001	2002	2003	2004	2005	2006	2007	2008
国有林区林业总产值(万元)	4090.5	4634.2	5860.3	6892.3	8458.7	10107.2	11870.9	14406.4
林业总产值占工业总产值比例(%)	75.04	73.29	74.46	69.61	72.73	73.49	69.45	71.36
国有林区人均总产值[元/(人·年)]	7578	8294	8900	9541	10638	12449	14434	16195
同时期全国人均总产值[元/(人·年)]	8467	9272	10460	12277	14079	16214	19622	22805

表 1-3 2001－2008 年度国有林区林业经济运行的相关数据列表

Tab. 1-3 Economy operationing data of national forest area from 2001 to 2008

年份	2001	2002	2003	2004	2005	2006	2007	2008
国有林区单位国内生产总值能耗(吨标准煤/万元)	1.698	1.624	1.611	1.623	1.575	1.481	1.433	1.378
同时期全国单位国内生产总值能耗(吨标准煤/万元)	1.423	1.379	1.321	1.273	1.214	1.168	1.091	1.062
国有林区万元 GDP 未达标工业废水排放量(吨/万元)	5.976	2.695	1.090	0.953	0.723	0.600	0.617	0.882
同时期全国万元 GDP 未达标工业废水排放量(吨/万元)	3.070	1.067	0.766	0.464	0.261	0.255	0.249	0.246
国有林区万元 GDP 未利用固体废物排放(吨/万元)	0.338	0.269	0.248	0.215	0.211	0.160	0.147	0.172
同时期全国万元 GDP 未利用固体废物排放量(吨/万元)	0.279	0.227	0.203	0.189	0.171	0.129	0.103	0.097

(3)国有林区社会子系统运行的基本态势与发展脆弱性。截至 2009 年 11 月底，国有林区棚户区改造共计到位资金 66 亿元，国有林区基础建设资金投资累计完成 28.6 亿元，682 个建设项目已开工 284 个。然而，有限的国家投资对于庞大的国有林区基础设施建设需求而言，不啻于杯水车薪；有限的林区补贴资金也未能显著提高国有林区职工和居民

的经济收入和生活水平。2008年，国有林区在岗职工年平均工资15701元，仅为全国城镇单位在岗职工年平均工资29229元的一半，差距依然明显。国有林区职工和居民的生活仍然十分困苦，由此而引发的失业率升高，国有林区森林盗伐事件屡禁不止，行政效率较差且运行成本较高，分别见表1-4、表1-5[2~6]。

表1-4　2001～2008年度国有林区失业率与平均工资水平

Tab. 1-4　Unemployment rate and average wage from 2001 to 2008 year

年份	2001	2002	2003	2004	2005	2006	2007	2008
国有林区在册失业率(%)	4.93	5.37	5.98	5.78	5.47	5.01	4.30	6.97
全国城镇登记失业率(%)	3.60	4.00	4.30	4.20	4.20	4.10	4.05	4.20
国有林区职工工资[元/(人·年)]	6389	7116	7790	8563	9326	10701	13563	15701
全国职工平均工资[元/(人·年)]	10870	12422	14040	16024	18364	21001	24387	29229

表1-5　2001～2008年度国有林区居民生活水平相关数据列表

Tab. 1-5　Residental living level of national forest area from 2001 to 2008

年份	2001	2002	2003	2004	2005	2006	2007	2008
国有林区人均社会保障、福利和卫生保健费用(元/人)	458.12	456.06	534.37	632.14	736.01	916.63	1001.63	1131.70
同时期全国人均社会保障、福利和卫生保健费用(元/人)	514.05	594.65	664.65	739.42	878.35	1166.12	1378.33	1475.24
国有林区人均年度教育经费(元/人)	277.56	346.35	386.33	490.72	547.45	609.61	752.68	614.41
同时期全国人均年度教育经费(元/人)	370.58	438.64	527.31	592.26	640.79	732.10	835.03	931.29
国有林区人均可支配收入的购买力系数	35.98	36.45	38.97	43.80	46.60	51.67	58.34	64.42
同时期全国人均可支配收入的购买力系数	47.47	49.98	53.83	61.44	66.19	71.97	81.75	90.11

综上所述，国有林区在生态环境、经济运行和社会保障等三个层面上均表现出较为明显的脆弱性，如果任其蔓延，必将造成国有林区复合系统的进一步恶化甚至崩溃；若此，国有林区强大的森林生态辐射效益无法维系，周边区域的生态环境会受到重大冲击，一座座沙漠化的城镇、污浊的空气、有害健康的饮水等恐怖的场景将会尽收眼底。

1.1.1.2 学术背景

发展脆弱性是国有林区系统内部非协调发展所凸显出的特性，在国有林区区域系统的发展历程中，由于内外部因素的影响，在不断破坏区域系统的稳态机制和增加不稳定性，这是国有林区区域系统在发展中副作用的量变，如果任其发展，累积到质变时，将致使国有林区区域系统彻底崩溃。美国学者 P. Richmrd[10]（2009）将国有林区区域系统划分为多个子系统，分别对林区产业系统的发展脆弱性、社会环境的发展脆弱性、代际需求的不可持续性、生态系统自我维持的脆弱性以及生态系统安全保障的脆弱性开展研究，并对多个子系统发展脆弱性之间的关联性和互动作用机理进行探索；瑞典学者 S. Grossberg 与 G. A. Carpenter（2007）[11]更是明确提出应该从系统观的视角研究国有林区区域系统的发展脆弱性，两位学者运用系统动力学建立经济、生态、社会子系统各个反馈环的主要状态方程，速率方程和辅助方程，对各个子系统进行复杂的多维耦合，从而构建整个国有林区区域系统发展脆弱性的概念模型和分析工具。

森林生态和林产工业相互依存、相互制约、相互促进，是对立统一的辩证关系，分析林产工业系统运行对森林生态脆弱性、经济增长脆弱性以及社会层面脆弱性三个层面的影响，是优化调整国有林区区域发展脆弱性的重要步骤。美国学者 Margalef R[12]（2009）与美籍华裔学者 Johnson Wu[13]（2008）均从林产工业运行对生态系统脆弱性影响的研究视角入手，用恒定性、惯性、持久性等定义来描述林产工业系统运行对森林生态系统稳定性的冲击（即脆弱性），提出森林生态系统的稳定性包括抗变性或阻力、复原性或恢复力、持续性或持续力、变异性或恒定性；瑞典学者 Magnus Karlsson[14]（2010）从林产工业运行对经济系统脆弱性影响的研究视角入手，剖析林产工业系统运行过程中森林资源、动力能源、资金资本、人力成本在各类共生网络上的交换与合成，挖掘制约林区经济增长脆弱性的因素，剖析林产工业系统运行对林区经济增长结构性脆弱性的影响；蒋敏元教授[15]（2006）和党凤兰教授[16]（2006）从中国国有林区的实际情况出发，通过一种组织的设定重新构架国有林区的政府、市场、企业、社会之间的关系，将林区的各种资源导入适用于林区资源状况的社会经济运行框架，首次针对国有林区的社会子系统发展的脆弱性开展研究，并系统地剖析了社会子系统发展的脆弱性对经济、生态子系统发展的反馈作用；综上，正如瑞典学者 S. Grossberg 与 G. A. Carpenter(2007)[11]的学术思想，从系统观的视角研究国有林区经济、生态、社会三个层面的发展脆弱性是一种更具学术性和可操作性的研究思路。

1.1.2　问题的提出

国内外许多学者都观察到了国有林区发展的脆弱性，但是对于国有林区发展脆弱性的核心驱动因素定位以及林产工业这一核心内生驱动因素如何在不同层面上影响着国有林区发展脆弱性的研究不够深入，对于如何有效降解国有林区发展脆弱性进而实现国有林区的可持续发展也未能提出更具实践性的操作模式。现有研究还无法很好回答以下问题：

(1)国有林区发展脆弱性的产生原因和驱动因素是什么、如何定位国有林区发展脆弱性的核心驱动因素？

(2)如何测度由核心驱动因素(林产工业)引发的国有林区在生态、经济、社会等层面所体现的脆弱性？

(3)以怎样的学术理念去解析国有林区的发展脆弱性、如何提出更具学术洞见性和实践可操作性的国有林区发展脆弱性优化模式？

本研究拟提出植入生态环境要素的增长理念，以生态位思想为导引，剖析国有林区区域可持续发展系统脆弱性的内部和外部驱动因素，定位林产工业为国有林区区域可持续发展系统脆弱性的核心驱动因素，建立国有林区各个层面发展脆弱性的分析指标和测评方法，并提出构建森林生态服务资产多级交易市场体系和打造生态要素内生驱动的国有林区产业集群模式两种国有林区发展脆弱性优化调整方案，上述研究内容较好地回答了前文提出的问题；随后，本书以伊春国有林区为分析对象开展实证研究，验证本书提出的理论和分析方法。

1.2　研究目的与意义

1.2.1　研究目的

(1)国有林区发展脆弱性的框架体系建立与核心驱动因素定位。发展脆弱性是国有林区复合系统的本质特征，本书提出植入生态环境要素的增长理念，分析国有林区企业、产业、区域生态位的关联性，提出区域生态位和林产工业生态位的层级划分、进化过程系统脆弱性的维度结构，建立国有林区发展脆弱性的概念体系，挖掘制约国有林区发展脆弱性的内部和外部驱动因素并提出林产工业作为国有林区发展脆弱性内生核心驱动因素的定位，为国有林区区域可持续发展的系统脆弱性研究提供了一个切实的着力点，以此为基点可以定量地测度、解析国有林区区域可持续发展的系统脆弱度和本质内因，此种机理分析与实证测评相结合的方法保障了本书研究内容的系统性和有效性。

(2)国有林区区域系统与林产工业发展脆弱性的分析方法建立。以生态位思想为指导，首先，本书应用因子分析方法测度国有林区区域可持续发展的系统脆弱性，将国有林区区域可持续发展的系统脆弱性解析为几个层面的子因子，对区域系统脆弱性构成因子进行分析并定位核心驱动因子；其次，建立基于Entropy— Topsis模型的林产工业驱动国有林区区域系统发展脆弱性，分析某个具体国有林区因偏离林区经济、生态、社会等层面发展标准所引发的系统脆弱性程度；最后，建立基于超效率混合DEA模型的林产工业发展脆弱性分析方法，测算国有林区林产工业运行CRE效率指数对不同投入产出指标波动的敏感度系数，解析制约林产工业发展脆弱性的重要因素和改善标准。

(3)国有林区森林生态服务资产化与多级交易市场体系建立。公共品属性以及由此引致的正负外部性是森林生态服务供需失衡的内在原因，资产化和市场化机制的缺失是森林生态服务资源供需失衡的本质根源，本书基于使用权制度的森林生态服务资产化理念，剖析森林生态服务使用权主证、副证价值的经济学内涵和内在关联性，构建包括基于自发组织的森林生态服务使用权证私人交易、基于政府导引的森林生态服务使用权证开放交易、基于政府调控的森林生态服务使用权证公共支付等三种主要模式的多级交易市场体系，并剖析对应交易市场体系建设进程中操作流程，为突破国有林区森林生态服务资产化与市场化的瓶颈问题提供了重要理论指导和实践方案。

(4)环境要素内生驱动的国有林区产业集群模式建立。区域系统的经济增长质量和增长方式取决于主导产业集群的形成，究其实质是驱使产业集聚的环境引力发挥作用。本书分析区域产业集群的动力驱动模式，提出环境要素内生驱动的产业集群理念和增长模型；依据引力场理论，阐释区域系统环境要素对产业集群的吸聚效应，剖析不同环境要素驱动区域经济增长和产业集群的模式类别，针对国有林区的现实情况，明确提出国有林区的近期目标是在不再破坏和逐步恢复森林生态子系统的基础上发展“环保型”、“低碳型”的产业集群。本书描绘了生态环境要素内生驱动的国有林区产业集群布局框架图，并提出产业集群的保障策略体系。

1.2.2 研究意义

1.2.2.1 理论意义

(1)丰富了国有林区可持续发展的理论研究成果。现有的国有林区可持续发展研究成果不能完全解释制约国有林区发展脆弱性产生的内外因和核心驱动因素，缺乏对多方面影响因素的系统深入研究，只解释了国有林区发展脆弱性的表象特征。本书提出植入生态环境要素的增长理念，界定国有林区发展脆弱性的内涵、继而建立国有林区发展脆弱性概念体系，通过挖掘制约国有林区发展脆弱性的内部和外部驱动因素，以林产工业运行对国有林区森林生态、经济增长、社会层面脆弱性影响分析为切入点，重点关注和测量国有林区系统在发展过程中对外界变化的敏感性，及自身系统积累负向量变的程度，对国有林区可持续发展内涵的理解提供了新颖的视角。

(2)完善了国有林区可持续发展的研究方法。现有的研究方法着重于指标体系的庞大和评价模型的繁复，缺乏对学术理念、影响因素、分析指标和测评模型的有效整合。本书以生态位学术思想为导引，从脆弱性分析视角入手，提出林产工业生态位的层级划分和林产工业可持续发展系统脆弱性的维度结构，建立基于 Entropy－Topsis 模型的林产工业驱动国有林区区域系统发展脆弱性和基于超效率混合 DEA 模型的林产工业发展脆弱性分析方法，对国有林区可持续发展的深入研究提供了新颖的分析方法。

1.2.2.2 实践意义

(1)为降低国有林区发展脆弱性提供理论依据。本书以生态位思想为导引，深入研究国有林区区域可持续发展的系统脆弱性，剖析林产工业系统运行与国有林区经济－生态－社会共生协同发展的互动作用关系。提出国有林区区域发展脆弱性和林产工业发展脆弱性的分析方法，制定优化调整方案，促进国有林区区域系统、林产工业的良性可持续发展和林业经济增长方式的转型。论文研究形成的理论研究成果，对于降低国有林区区域系统、林产工业发展脆弱性和制定国有林区长期发展规划具有理论导向作用。

(2)为降低国有林区发展脆弱性提供解决方案。本书提出近期和远期两套切实降低国有林区发展脆弱性的优化调整方案：一方面确立环境要素内生驱动的产业集群理念，提出生态要素内生驱动的国有林区产业集群模式和保障策略；另一方面确立基于使用权制度的森林生态服务资产化理念，构建三种主要模式的森林生态服务资产多级交易市场体系，为突破森林生态服务资产化与市场化的瓶颈问题提供新颖的研究视角。两套方案充分考虑了国有林区的现实情况，对降低国有林区区域发展脆弱性具有很强的可行性和实践性。

1.3 国内外相关研究现状综述

1.3.1 区域系统发展脆弱性的研究

经历了农牧经济、工业经济、信息经济后，人类正逐步进入知识经济时代；伴随着人类生产生活水平的逐步提高，生态环境和自然资源往往呈现出严重恶化和掠夺性开采的状态，人类经济社会和生态环境间的矛盾日益尖锐，致使人类经济－社会－生态复合系统的发展呈现出高度脆弱性，在此背景下国内外众多学者研究区域系统发展的脆弱性，形成了一系列重要的学术成果。

从国内的情况来看，冯振环教授(2009)[17]创构了从内部的不稳定性、对外部经济环境改变的敏感性、外部经济环境变化后的损失度等方面分析评价区域经济发展脆弱性的理论模型，应用DEA模型研究中国西部地区经济发展的脆弱性；赵国杰教授(2009)[18]提出对区域发展脆弱性进行三方面评价：累积式现状评价、预测评价、冲击式脆弱性评价的方法，通过对区域系统发展过程中各子系统中的关键因素分析，构建基于多维的区域发展脆弱性指标体系；李克让等学者(2010)[19]通过林地质量指标、林龄结构指标、森林灾害指标、薪材林供应类型变化指标、生产力变化指标和森林火险指标等七类指标对中国森林系统存续的脆弱性进行了分析；台湾学者 Maltese(2008)[20]提出岛国经济脆弱性指数可由经济依赖对外贸易的程度、运输成本对出口利润的比值、灾害损失占 GDP 比例等 3 个综合指标刻画，并对台湾 1980～2006 年度期间的经济脆弱性度进行序列分析；卢欣石(2009)[21]建立了包括气候因子、环境因子、资源因子、经济发展水平因子、经济技术替代能力因子、域外支持因子在内的区域生态系统发展的脆弱性评价指标体系；邱彭华博士和徐颂军教授(2010)[22]选取分离度、分形维数、破碎度 3 个景观格局指标和土地沙化、土壤侵蚀 2 个敏感性指数，构建景观类型脆弱度和区域生态系统发展的脆弱度模型；佘廉教授(2010)[23]建立基于脆弱性分析的城市物流系统安全性研究模型，从鲁棒控制的角度提出减低城市物流系统脆弱性的技术与方法，并以七个城市的物流系统为分析对象开展实证研究和对比分析。

从国外的研究情况来看，美国学者 Chambers 和 Conway 教授(2009)[24]提出将区域系统发展的脆弱性分为社会和环境两个类别，其分类目的既强调人类生存对全球自然资源的外在影响(即环境脆弱性)，又强调了人类生存的内在能力以保持承载力的持续和增强(即社会脆弱性)，即对社会－环境复合系统发展的脆弱性考察，认为只有“在面临外界冲击和压力具有能够恢复的生计”才能称得上是可持续的；美国学者 Sen，Chambers，Conway 等人(2010)[25]剖析区域社会保障系统发展的脆弱性，对解决贫困的发展方法开展研究，除了考察研究传统意义上收入的贫困以外还特别强调了发展能力的贫困，即缺少能力去选择和完成基本的生计活动；同时，世界环境与发展委员会(The World Commission on Environment and Development)的成立重新强调了满足最贫困人口的最基本需要的必要性，重新强调了怎样保持和增进资源生产能力以及这些措施又如何创造更多的谋生机会的必要性；英国学者 Kvarner 教授和 Turner 教授(2007)[26]将脆弱性分析应用于医药、贫困、区域可持续发展等多个领域，剖析系统在受到外部刺激时，能够表现出来的敏感性和适应力，以及各种影响因素对系统冲击的程度和在维持系统稳定运行的前提下能够承受冲击的能力；德国学者 Garrick，Renn，Klinke 等人(2009)[27]使用遥感技术(RS)和地理信息系统(GIS)作为重要的区域系统发展的脆弱性分析工具，通过识别脆弱性因素、测度脆弱性程度以及寻求降低脆弱性程度的方案，RS 和 GPS 集成技术能够更好、更有效地表述冲击对系统带来的损害和不确定性。

1.3.2 林业区域发展脆弱性的研究

林业区域可持续发展就是使生态、经济和社会的发展相互协调，平衡当前和长远的利益，实现森林生态效益、林业经济效益和林区社会效益的统一。基于这一基本共识，很多林业研究人员在林区可持续发展机理分析、指标体系设计、评价模型建立等研究领域形成一系列代表性研究成果，部分学术成果尽管没有直接研究国有林区复合系统发展的脆弱性，但均从不同层位和学术视角体现了国有林区发展脆弱性研究的基本内涵，为本书研究脉络的形成奠定了基础。

(1)林业区域经济－生态－社会复合系统脆弱性的分析机理。从国内的研究情况来看，李俊清教授(2006)[28]揭示了林业可持续发展的区域属性，分析了国有林区内产生的各种空间和时间上的各种内部和外部不经济性，研究着重于强调林业区域发展脆弱性的区域观和系统观，该学术成果体现了国有林区发展脆弱性的区域属性和内涵；蒋敏元教授(2006)[29]提出了国有林区“可持续发展的自生能力理论”，阐释了自生能力应该包括协同能力和持续能力两个层面，提出国有林区经济生态社会系统协同发展机理，研究着重于从自生能力的视角分析林业区域的发展脆弱性，该学术成果体现了国有林区经济－生态－社会复合系统协同共生发展的脆弱性；寇文正教授和高兆蔚教授等学者(2005)[30]提出林业区域运行与森林生态之间的矛盾是林业区域发展脆弱性产生的本质原因，分析林业区域运行造成了森林资源的损害继而影响森林生态功能的途径，探索森林资源组成、结构、质量、数量及其分布特点等方面对区域生态脆弱性的影响程度；王立群教授(2007)[31]探索不同区域森林资源消长变动与经济增长之间内在关系，揭示林区生态－经济地域环境演化驱动力及演化规律，揭示了国有林区森林生态与经济增长相互制约的脆弱性，并明确提出破解这一脆弱性的根本办法就是林产工业的生态化改造和森林生态服务的产品化与市场化。

从国外的研究情况来看，美国学者 P. Richmrd(2010)[32]将国有林区系统划分为多个子系统，分别对林区产业系统的可持续性、社会生活的可持续性、代际需求的可持续性、物种多样性的可持续性、生态系统自我维持的可持续性以及生态系统安全保障的可持续性开展研究，并对多个子系统间的关联性和互动作用机理开展研究；新西兰学者 Wilkie 和 Sagl 等人(2009)[33]重点研究了森林工业产品、森林生态服务的代际需求使用潜力和分配转移方法，通过分析森林生态服务代际需求的不平衡和分配转移的严重损失来研究林业区域森林生态的脆弱性，并提出森林生态的脆弱性是林业区域的首要关注脆弱性的观点；美国学者 Koch，Kennedy 等人(2009)[34]以多目标协同的分析思想探讨林业区域内部经济、生态、社会子系统间各要素及与外部系统的协同发展机理，并揭示林业区域以森林生态产品的生产与交易为经济支撑力的独特运行模式，以期破解林业区域经济增长与森林生态的内在矛盾继而降低林业区域发展脆弱性；西班牙学者 Cristina Montiel Molina，Jaritz 等学者(2010)[35]提出国有林区的可持续发展关键在于经济发展模式的转变，研究重点体现在林区经济运行对国有林区社会、行政、生态各子系统的驱动作用和国有林区复合巨系统对经济运行的反馈机制，分析了林业区域经济一生态一社会复合系统的发展脆弱性。

(2)林业区域经济一生态一社会复合系统脆弱性的评价指标体系。从国内的情况来看，中国自 1995 年开始研制国家级和亚国家级的森林可持续经营标准与指标体系，国家级森林可持续经营标准与指标体系共有 8 个标准和 80 个指标，地区级及森林经营单位级指标体系都有 8 个标准，以此来测度国有林区的发展脆弱性；夏斌、陈根文研究员等学者(2009)构造出经济发展指数、社会进步指数和资源环境支持指数三个综合指标，并在此基础上设计区域可持续发展可持续系数和区域可持续发展协调系数，以上述五个综合指数对我国五个典型的国有林区的发展脆弱性进行了测度；江泽慧(2009)从国有林区的可持续发展能力分析视角入手，建立了包括林地资源、林木资源、生态环境、经济发展、社会效益和科技发展及贡献共 6 个方面的指标体系，同时提出了软系统归纳集成法(SSMII)作为评价指标体系建立的方法和软件支撑用以测度林业区域的发展脆弱性；余敬等(2008)以系统论为基石，构建出以“发展力”和“协调力”为两大支撑功能的森林资源可持续发展评价指标体系，研究重点着重于森林资源的经济利用与森林生态服务功能的兼顾和协调发展，并测度林业区域的发展脆弱性；肖玲和黄国胜等人(2010)从森林生态环境背景、森林生长状态和森林自然性3个方面来构建森林生态环境质量评价的指标体系，并在生态足迹法的基础上，提出了生态压力指数、生态占用指数、生态经济协调指数和可持续发展指数，且制定了相应的指标等级划分标准，以此测度林业区域的发展脆弱性。

从国外的情况来看，8个国际组织制订了森林可持续经营方面的标准和指标，包括国际热带木材组织、赫尔辛基、蒙特利尔、塔拉波脱倡议、非洲干旱区、近东、中美洲和非洲木材组织等进程，这些进程的标准和指标都包括森林资源和全球碳循环、森林生态系统的健康和活力、生物多样性、森林生产功能、森林保护功能、社会经济功能和条件、机构、政策和法律框架，以此来测度林区的发展脆弱性。美国学者 Gordon M Hickey(2008)[36]、新西兰学者 Don Wijewardana(2008)[37]等人从经济和生态视角对森林资源价值、林产工业运行效率、森林生态服务质量进行监控，建立生态效能、经济效能、社会效能在内的林业可持续发展水平评价指标和资源承载能力、环境缓冲能力、森林生产能力、经济支撑能力、科技支撑能力、管理调控能力在内的可持续发展能力评价指标，以此来测度林业区域的发展脆弱性；美国林业经济学家 M. Clausen(2010)[38]建立了经济发展指数、社会发展指数、资源丰富度指数、生态环境指数和技术管理指数5个策略层、20个措施层组成的森林资源可持续发展力评价指标体系，研究重点着重于林业区域森林资源的经济利用与森林生态服务功能的稳定发挥的协调发展能力；德国林业经济学家 Juslin Hansen(2009)[39]建立资源承载力指数、环境承载指数、生态质量指数、经济发展水平指数、技术管理水平指数及社会发展水平指数在内的指标体系，从林业区域森林生态、经济增长和社会环境等三个层面分析了林业区域的发展潜力与脆弱性程度。

(3)林业区域经济—生态—社会复合系统脆弱性的评价模型。从国内的情况看，姚云峰教授(2010)[40]在剖析森林资源—环境—经济复合系统(FEECS)结构和特征的基础上运用系统动力学(SD)原理分析了其运行机理，建立了能够与林业区域发展脆弱性综合评价和预警相衔接的反馈回路，构建了 SD 因果关系图；张智光教授(2009)[41]等学者运用系统工程方法和大系统理论，构建基于 ε—约束法的多目标优化模型，以及包含各子系统的目标函数模型、约束条件模型和关联模型在内的FREES大系统分解一协调优化模型，以此来评测林业区域经济一生态一社会子系统协调可持续发展的脆弱性；吴季松教授(2009)运用改进的DEA模型——交叉效率评价方法对各地区的资源、环境与经济协调发展的相对有效性进行了评价，构建了一个经济协调发展二维综合评价矩阵；罗杨研究员和佘光辉教授(2010)[42]采用改进的层次分析法和熵权法进行国有林区可持续发展的评价研究，将层次分析法和熵权法的结果相结合，得到综合主客观因素的指标权重向量，研究着重于一种相对科学与可操作性的测评方法；雷孝章等人(2009)[43]结合中国生态林业工程的发展状况，运用软系统方法(SSM)、综合集成法(SIM)、定性中的广义归纳法和系统工程(SE)的知识，针对森林系统及其效益评价系统均为软系统，形成基于软系统综合集成法(SSMII)的生态林业工程评价体系。

从国外的情况看，联合国环境规划署(UNEP)提出了压力(Pressure)一状态(State)一响应(Response)概念模型(PSR模型)，随后联合国可持续发展委员会(CSD)对此加以扩充，提出了驱使力(Driving－force)一状态(State)一响应(Response)概念模型(CSR模型)；美国著名生态学家H. Todum(2010)[44]提出了能值理论，分别用能值产出率(EYR)、环境负载率(ELR)、能值交换率(EER)来衡量系统产出效率、系统过程的环境影响、系统的交换效益，从能值分析的视角建立林业区域发展脆弱性的测评模型；加拿大学者Nordhaus(2009)[45]在采用系统动力学方法建模研究区域经济生态社会复合系统的过程中，力图让系统自己来调节各个子系统的平衡并达到可持续发展的目的，研究着重于林业区域经济一生态一社会各个子系统发展脆弱性的复合观和系统整合观；瑞典学者S. Grossberg与G. A. Carpenter(2007)[46]运用系统动力学建立区域经济、生态、社会子系统各个反馈环的主要状态方程，速率方程和辅助方程，对各个子系统进行复杂的多维耦合，从而得到整个林业区域可持续发展的系统模型；新西兰学者Rosen. R(2010)[47]建立区域可持续发展水平评价的神经网络结合模糊集理论的数学模型，应用Logistic模型探讨林业区域可持续发展系统的预测模型，研究重点考核林业区域发展脆弱性的测评与预警。此外，学者Wackernagel(2008)提出的“生态足迹”(ecological footprint)概念及模型、Daly和Cobb(2007)

提出的"可持续经济福利指数"(ISEW)、Prescott－Allen 提出的"可持续性的晴雨表"(barometer of sustainability)模型、Liveman(2007)确定的可持续发展 8 项基本标准为林区可持续的系统脆弱性定量研究做出了很大的贡献。

1.3.3 林产工业运行对林业区域发展脆弱性影响的研究

森林生态和林产工业相互依存、相互制约、相互促进，是对立统一的辩证关系。只有建立起完善的生态体系，充分发挥林业巨大的生态功能，满足社会和人们对良好生态的需求，形成丰富的森林和足够的资源，林产工业发展才有坚实的物质基础和发展空间；同时，只有建立起发达的产业体系，充分发挥林业巨大的经济功能，满足社会和人们对林产品的需求，积累雄厚的财富和充足的资金，生态建设才有坚实的资金保障和发展动力。国内外学者从林产工业系统运行对森林生态脆弱性影响、对经济增长脆弱性影响、对社会层面脆弱性影响等方面取得一系列代表性研究成果，这些学术成果为本书提供了研究思路的借鉴意义。

(1)林产工业系统运行对林区森林生态脆弱性的影响。从国内的情况来看，20 世纪 80 年代，我国提出生态林业的思想，体现了学者们重视林产工业系统运行对森林生态脆弱性影响的深刻认识和反思；20 世纪 90 年代中国提出林业发展的可持续思想，体现出政府对于改善由林产工业系统运行造成生态环境脆弱性恶化状态的关注；20 世纪末 21 世纪初，学者们提出了中国现代林业发展理论和中国林业跨越式发展理论，为开展林产工业驱动的国有林区复合系统发展脆弱性的分析定位了研究方向；江泽慧和周生贤研究员(2010)[48]提出了以木材生产为中心转向三大效益兼顾、生态效益优先的林产工业系统可持续发展建设思想，提出只有解决森林生态与林产工业之间的森林资源竞争性使用的矛盾才能有效降解林业区域的发展脆弱性；刘国成和吕洁华教授(2007)[49]对森林生态与林产工业耦合系统的结构、功能、平衡和生态化转型等方面的演进性研究与论述，提出改善林产工业的结构和增长方式是当前有效缓解森林生态与林产工业之间矛盾的途径；费本华研究员(2009)[50]剖析了以林产工业系统建设为核心驱动现代林业建设三大体系可持续发展的作用机理，认为实现林业区域的林产工业生态化改造和经济子系统的绿色增长是降低林业区域发展脆弱性的现实可操作途径；

赵尘教授(2010)[51]提出林产工业循环经济的物质流、能量流、信息流优化模式，提出了森林生态建设和林产工业建设和谐统一应遵循的四大原则，研究生态与产业体系和谐统一发展的途径，以期破解林产工业运行与森林生态间的根本矛盾；蒋敏元教授(2009)[52]建立符合国有林区生态系统特点的、具有自然生态系统特征和循环体系的科学高效的产业结构体系，构建国有林区生态循环型共生产业群落，研究着重于林产工业的生态化改造和经济子系统的绿色增长。上述学者从不同视角研究了森林生态与林产工业系统运行间的关系，为林产工业系统运行对森林生态脆弱性影响的研究提供了学术思想的借鉴并辅助定位了研究方向。

从国外的情况看，美国学者 Margalef R(2010)[53]用恒定性、惯性、持久性等定义来描述林产工业系统运行对森林生态系统稳定性的冲击，并应用系统动力学模型定量剖析林产工业与森林生态之间的关联性和发展脆弱性；美籍华裔学者 Johnson Wu(2008)[54]提出森林生态系统的稳定性包括抗变性或阻力、复原性或恢复力、持续性或持续力、变异性或恒定性，并定量测度了林产工业系统运行对森林生态稳定性的影响，继而体现了林产工业运行造成的森林生态脆弱性；德国学者 J. R. Hitczter(2008)[55]提出林产工业系统对森林生态系统稳定性破坏的极限是不超过生态阈值的生态系统的敏感性和恢复力，敏感度越高、距离生态阈值的恢复力越远则体现林产工业造成的森林生态脆弱性越高；瑞典学者 Jouni Korhonen(2009)[56]按照物质流、营养流、能量流和碳流来研究芬兰的森林工业生态系统，重点分析了林产工业系统内不同部门之间的物质循环和废弃能源的回收利用，研究着重于林产工业系统内部森林资源的循环利用能力，间接体现着林产工业运行对森林生态脆弱性的影响；Bostedt 和 Mattson(2008)[57]分析了林产工业系统运行对森林生态的影响，提出了森林生态和社会效益的经济计量评价方法和经济补偿模型，在此基础上，日本学者 Kishine(2009)[58]提出了林业经济－福利－环境最佳调整系统模型等等；此外，森林永续利用理论，“法正林”学说，森林多效益主导利用的经营思想，新林业理论，“接近自然的林业”理论，社会林业理论(Social forestry)，森林可持续经营理论等国外林业经营思想的演变，体现了从单纯的满足人类为获取经济效益的资源利用到兼顾满足人类经济、生态、社会多重需求的分类经营和利用，重视林产工业系统运行与森林生态的协同共生发展，改善林产工业系统运行对森林生态脆弱性的恶性影响，这些学术成果为开展林产工业系统运行对森林生态脆弱性影响的研究，提供了研究思路的借鉴。

(2)林产工业系统运行对林区经济增长脆弱性的影响。从国内的情况看，刘于鹤研究员和孔凡斌教授(2009)[59]提出基于合理化和高度化的标准优化调整林产工业结构的方法，提出林产工业系统内部结构的优化调整与森林资源的循环利用是林产工业可持续发展的根本路径，更是维护森林生态服务稳定发挥前提下保障林产工业的森林资源供给的重要保障；李碧珍教授和魏远竹教授(2010)[60]提出塑造新型林产工业横向产业结构、拉长林产工业增值链，聚集并释放林产工业内部的潜力，最大化地利用森林资源以创造更多的经济价值，继而保障林产工业产值的集约式增长；蒋敏元教授(2008)[52]通过对组织结构重构的研究，提出了组织结构重构的共生性横向一体化模式、纵向一体化模式、企业集团组织模式三种模式；上述学术成果体现出林产工业系统运行对林区经济增长产生的结构性的脆弱性，学者们从不同的角度提出了改善结构脆弱性的发展模式和调整思路。王立群教授(2007)[31]从社会经济发展对森林物质产品和生态服务需求角度研究了经济增长对森林资源的压力，探讨了不同区域森林适度保护和森林资源与环境约束下的经济增长问题，该项研究体现出有限的森林资源禀赋对林业经济增长的制约和对林产工业系统运行的反馈作用；魏远竹(2010)[61]提出制度创新是林业经济增长方式转变的根本，最缺乏的是能够反映生产力发展内在要求，并能推动林业生产力迅速发展的制度安排，对我国林业经济增长方式产生根本影响的是经济体制；陈根长教授和陶传友研究员认为：外部政策调整和机制转轨的核心是财政支持，要从根本上解决财政对林业支持的政策和机制问题；翟中齐和刘俊昌教授(2008)[62]系统梳理了林业经济政策对改善林区经济增长质量的作用进行了全面地分析和评价。上述学者分别从经济体制和经济政策分析视角入手，探讨了林产工业运行对林区经济增长脆弱性的影响和改善策略。

从国外的情况来看，瑞典学者 Magnus Karlsson 教授(2009)[63]研究林产工业系统与森林资源体系的协同共生发展，剖析林产工业系统运行过程中森林资源、动力能源、资金资本、人力成本在各类共生网络上的交换与合成，挖掘制约林区经济增长脆弱性的因素；德国学者 Anna Wolf 和 Juslin Hansen(2008)[63]提出通过再造产业结构、降低产业运行成本、引导森林资源产品的可持续性消费、完善森林资源采伐和利用补偿机制等四个方面，提升林产工业系统的运行效率并改善林区经济增长的脆弱性；地理经济学家 P. Krugmna 和 A. Venables 教授(2010)[64]从地理经济学角度研究林区经济增长现象，用空间经济学计量方法分析林业经济活动的集聚和空间过程，探讨林产工业系统的重构和转型升级，继而提升森林资源的利用效率和林产工业产值的集约式增长；M. Slesser 教授(2010)[65]提出将资源、环境和经济因素联系在一起，建立一种动态分析模型，用于对林区经济增长的潜力进行分析，并可用于预测在不同政策、技术和环境限制因素下，林业经济各产业部门相应变化的结果；上述几位学者借助计量经济学和统计分析模型，定量测度了林产工业系统运行对林区经济增长脆弱性的影响。德国学者 Brody 教授(2010)[66]提出林产工业运行的低效率是造成林区经济增长缓慢的核心因素，需要借助政府政策引导来转变林业经济增长方式、调整和升级产业结构，该项研究借助产业经济学相关理论，剖析林产工业系统运行对林区经济增长结构性脆弱性的影响和优化降解方案。

(3)林产工业系统运行对林区社会保障脆弱性的影响。从国内的情况来看，王伟英教授(2009)[67]从生产与消费、对林业部门的投资、社会文化生活、法律与政策保障体系等视角入手，对国有林区社会层面的可持续发展能力进行分析和评价，以改善社会环境的视角降低林业区域社会子系统的发展脆弱性；竺肇华教授(2009)[68]以社会公平标准、社会效益标准和社会发展动力标准为依据，分析林业区域居民收入分配、社会环境完善、基础设施建设和人文素质提高，测度了国有林区的社会可持续发展能力，以提升社会可持续发展能力的视角降低林业区域社会子系统的发展脆弱性；王凤友教授(2010)[69]从人口发展指数、科技教育指数、基础设施指数、生活质量指数等四个视角入手，剖析了国有林区社会可持续发展能力；黄清教授(2009)[70]通过建立天保工程区社会保障评价指标体系和评价模型，分析了天保工程区社会保障存在问题及其成因，建立完善的天保工程区社会保障体系，以期降低天保工程林业区域社会子系统的发展脆弱性；上述学者定量测度了国有林区复合系统社会层面发展的脆弱性。蒋敏元教授(2006)[71]首次针对国有林区的社会子系统发展的脆弱性开展研究，并系统地剖析了社会子系统发展的脆弱性对经济、生态子系统发展的反馈作用，同时对国有林区社会子系统发展脆弱性产生的内因与影响因素进行了探索；马天乐教授(2005)[72]从森林资源保护与经济社会协调发展模式的需要入手，构建了协调发展模式的机制框架，重点分析了社会子系统对于林业区域经济子系统和生态子系统协调发展的基本保障作用，以期降低社会子系统的发展脆弱性；党凤兰教授(2006)[73]通过一种组织的设定重新构架国有林区的政府、市场、企业、社会之间的关系，将林区的各种资源导入适用于林区资源状况的社会经济运行框架，着重于社会子系统的基础保障作用分析，以降低社会子系统发展脆弱性的方式辅助林区经济、生态子系统的发展脆弱性优化调整。上述学者从机制和组织结构的分析视角入手，提出了改善国有林区社会层面发展脆弱性的具体措施。

从国外的情况看，罗伯特教授(2003)[74]对美国林业工作者收入保障的研究，就政府和根据市场需要进行分工的状况及发展趋势做出了富有成效的讨论；布兰查· 德费希尔(2004)[75]修正了萨缪尔逊的模型，社会保障的增长取决于两个因素，人口的增长率和产业劳动生产率的增长率；维托达兹和拉杰·丝卡内教授(2002)[76]细致地分析林区公共支出的发展过程，对有关社会福利支出的状况横向提供了有意义的资料；英国学者史帝纹和罗林森(2005)[77]详细地研究了林产工业需要进行调整与改革的互动过程及其社会效果；华尔泽(2007)[78]探讨了以林产工业发展需要进行社会保障改革的思路，质疑社会保障模式在西方林产工业发展背景下的科学性和适用性，提出了社会保障重构问题；总结西方国家关于林区社会保障的理论的研究和改革实践，其重点都是针对社会保障的功能定位和作用发挥问题。从中得到如下的启示：①林区社会保障不可能也不应由政府全部统包下来。②社会保障模式设计必须符合本国实际情况，社会保障水平必须符合林业生产力发展水平。③西方林区社会保障危机的根源是过多地受政治因素的影响，存在高度的敏感性和脆弱性。在国外学术界，专门探讨林产工业运行对社会保障脆弱性影响问题的研究尚未见到。

1.3.4 国内外研究现状的评述

(1)对国有林区可持续发展研究的分析视角相对单一　国内外学者在开展国有林区可持续发展研究时，通常以正向视角切入，即通过分析和考核林区的可持续发展水平和可持续发展能力的方式来寻求提升策略，本书认为从系统脆弱性的研究视角更有利于挖掘制约林区可持续发展的首要脆弱性因素和测度林区系统崩溃时可能造成的恶劣后果。只有挖掘出国有林区复合系统发展中关键性的阻碍因素并优化调整，才能保障国有林区发展的可持续性。国有林区是社会、经济、生态相互作用、相互依赖、相互制约而构成的紧密联系的复杂系统，脆弱性研究的目的是反映国有林区系统在发展过程中对外界变化的敏感性，及自身系统积累负向量变的程度，为制定国有林区可持续发展战略提供理论基础。只有从负向视角出发，以林产工业运行对国有林区森林生态、经济增长、社会层面脆弱性影响分析为切入点，才能完成国有林区发展的指导思想、发展政策、战略部署、规划决策、技术选择等方面进行系列调整和转换。

(2)对国有林区发展脆弱性研究的切入点定位，未能充分地考虑发展所处的阶段、中国国情和可操作性。国有林区的可持续发展涉及经济、生态、社会三个子系统，学者们大多提倡实施以森林生态系统经营为核心目标的发展模式，结合中国国有林区的实际情况加以分析可知，在没能建立起完善的生态效益补偿机制和彻底解决林地资源所有权归属问题之前，该种模式的有效性会受到较为严重的影响；只有妥善地解决国有林区经济可持续发展，才能切实保障森林生态效益的有效发挥、促进林区社会的稳定发展。林产工业的运行对于国有林区森林生态效益、经济增长、社会保障脆弱性的影响巨大，对于林区可持续发展研究是一个具有独特性和可操作性的切入视角。只有以林产工业发展为内生动力，研究林产工业运行对国有林区森林生态、经济增长和社会保障等层面发展脆弱性的作用机理与影响程度进行深入探讨，才能提出国有林区可持续发展研究领域更具洞见和学术价值的研究成果。

(3)对国有林区发展脆弱性分析指标和测评方法的研究，未能充分地体现国有林区的特征。国内外学者在开展国有林区的可持续发展评价研究时，建立的指标体系往往分别对林业区域经济、生态、社会三个子系统的发展脆弱性进行分析，对国有林区经济、生态、社会三个子系统的可持续发展水平和能力开展定量分析，该类分析手法对于本书结合国有林区的脆弱性问题开展研究具有很好的借鉴意义；国有林区各个子系统可持续发展目标的界定和考核侧重点具有明显的区别，各个子系统可持续发展评价指标的优劣判别准则和评价模型的选择应该体现出专用性和针对性；此外，国有林区经济、生态、社会子系统间具有复杂的关联性，片面地评价各个子系统可持续发展水平和能力，可能会致使成果缺乏系统性；只有以林产工业系统为纽带，深入探讨林产工业运行对国有林区森林生态、经济增长、社会保障等层面脆弱性的影响等研究内容，应该对国有林区各个分析子系统针对性地设置评价指标和选择评价模型，才能保障定量分析结果的有效性和系统性，丰富国有林区可持续发展系统脆弱性的测评方法。

(4)对国有林区发展脆弱性的优化调整，未能基于全新的经济增长理念建立更具操作性的方案。国内外学者更多关注于国有林区经济、生态、社会子系统协同发展的机理研究、纯粹的森林生态保障视角的研究、政策宏观调控视角的研究，上述三个方面的研究成果均较多停留在理论的层面上，且未能针对我国国有林区的现实情况，设计一种具体的、可操作性的国有林区发展脆弱性优化调整方案；国有林区发展脆弱性的优化调整，其本质在于国有林区经济增长理念的再确立、森林生态服务有效补偿机制的建立、经济运行方式的彻底转变和产业集群的生态化改造；因此，建立植入生态环境环境要素的国有林区经济增长理念，提出森林生态服务资产化制度与建立多级交易市场体系和环境要素内生驱动的国有林区产业集群布局规划，是一种全新的国有林区发展理念和具有可操作性的国有林区发展脆弱性优化调整方案。

1.4 研究内容、方法与技术路线

1.4.1 研究内容

(1)本书分析国有林区经济子系统、生态子系统和社会子系统运行的基本特征，揭示国有林区经济－生态－社会复合系统的结构、特征和功能，提出植入生态环境要素的增长理念，以生态位思想为导引，从脆弱性分析视角入手，开展国有林区可持续发展问题的研究，界定国有林区区域系统、林产工业发展脆弱性的基本内涵，建立国有林区可持续发展的系统脆弱性分析框架。

(2)本书提出基于生态位进化的国有林区区域可持续发展的演进序

列，分析国有林区区域可持续发展系统脆弱性的资源效率维度、适应整合维度和递进过程维度，建立国有林区区域可持续发展的系统脆弱性测评指标体系，应用因子分析模型测评国有林区区域可持续发展的系统脆弱性，以伊春国有林区为实证分析对象，验证和演示国有林区区域可持续发展的系统脆弱性测评方法。

(3)本书剖析国有林区区域可持续发展系统脆弱性的内部和外部驱动因素，对内外部驱动因素进行功能分类，定位林产工业为国有林区区域可持续发展系统脆弱性的核心驱动因素，建立林产工业内生驱动的国有林区区域可持续发展脆弱度测评准则、指标体系和 Entropy－Topsis 模型，解析脆弱性测算因子的经济内涵和演进规律，揭示国有林区经济－生态－社会“三危”恶性循环的本质源头。

(4)本书分析国有林区林产工业可持续发展与区域可持续发展的关联性，提出基于生态位进化的国有林区林产工业可持续发展演进序列、系统脆弱性维度结构，研究国有林区林产工业可持续发展系统脆弱性测评的 CRE 效率准则，从投入产出视角入手，建立基于超效率混合 DEA 的国有林区林产工业 CRE 效率测评模型，以伊春国有林区为分析对象开展实证研究。

(5)本书提出环境要素内生驱动的产业集群理念，剖析环境要素引力场对产业集群的吸聚效应、环境要素内生驱动的区域产业集群模式，并针对性地提出生态环境要素内生驱动的国有林区产业集群策略；此外，本书提出了森林生态服务资产化的使用权证制度和价值测算方法，建立了森林生态服务资产化与多级交易市场体系。基于上述途径，切实降低国有林区的发展脆弱性。

1.4.2 研究方法

(1)定量与定性相结合。在对国有林区区域可持续发展和系统脆弱性理论进行深入挖掘的基础上，界定国有林区可持续发展的系统脆弱性涉及的相关概念，应用定量研究方法分析国有林区区域可持续发展的系统脆弱性、林产工业与国有林区区域经济－生态－社会子系统发展脆弱性之间的关系；以生态位的学术思想为导引，从系统脆弱性分析的角度总结提炼出国有林区区域系统与林产工业发展脆弱性的主要影响因素，构建了国有林区区域可持续发展的系统脆弱性影响因素的框架体系，并应用 SPSS 14.0、MATLAB 7.0 等技术工具进行实证研究，此种机理分析与实证测评相结合的方法保障了研究内容的系统性和有效性。

(2)数学模型方法。本书在分析、测评国有林区区域可持续发展的系统脆弱性与林产工业可持续发展的系统脆弱性时，较多运用了数学模型方法。① 应用因子分析方法将国有林区区域可持续发展的系统脆弱性，解析为几个层面的子因子，对区域系统脆弱性构成因子进行分析并定位核心驱动因子，为国有林区可持续发展的系统脆弱性研究挖掘了着力点；② 建立 Entropy－Topsis 模型测评林产工业内生驱动的国有林区区域系统脆弱性，分析某个具体国有林区因偏离林区经济、生态、社会等层面发展标准所引发的系统脆弱性程度，为国有林区区域可持续发展的系统脆弱性优化调整提供目标数值；③ 建立超效率混合 DEA 方法测评林产工业可持续发展的系统脆弱性，从运行效率的视角分析林产工业运行态势，根据敏感性分析结果解析制约林产工业发展脆弱性的重要因素和改善标准；综上所述，依据相对精确的定量分析结果，为科学地制定基于林产工业内生驱动的国有林区复合系统发展脆弱性的优化方案提供定量分析方法体系。

(3)典型性研究方法。以全国国有林区经济改革试点——黑龙江省伊春国有林区为实证分析对象，深入分析伊春市国有林区区域可持续发展的系统脆弱性，以及林产工业运行对国有林区森林生态子系统、经济子系统和社会子系统等层面脆弱性的影响程度和作用途径，依据分析结果制定切实可行的优化调整方案，以期保障国有林区经济、生态和社会三个子系统的共生协同可持续发展。研究形成的学术成果，对于全国其他国有林区发展脆弱性的优化调整方案制定具有重要的理论指导意义和方法借鉴作用。

1.4.3 技术路线

本研究分为以下几个研究部分，总体研究框架如图 1-1。

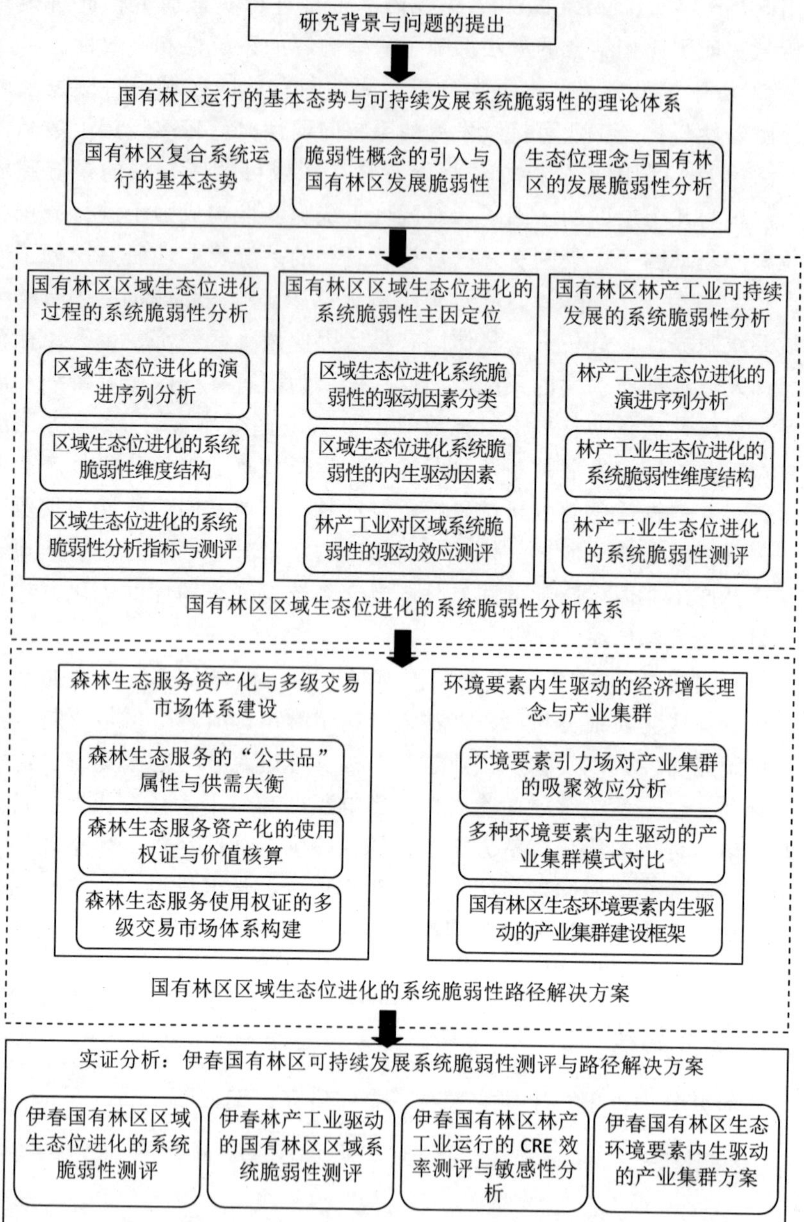

图 1-1　本书的技术路线图

Fig. 1-1　Technical route of this paper

第一部分为框架体系研究。本书提出植入生态环境要素的增长理念，将生态位思想引入社会经济关系，从脆弱性分析视角入手，开展国有林区可持续发展问题的研究，界定国有林区区域、林产工业发展脆弱性的基本内涵，分析国有林区企业、产业、区域生态位的关联性，建立国有林区区域可持续发展的系统脆弱性分析框架。

第二部分为国有林区区域可持续发展的系统脆弱性分析与主因定位。首先，本书提出国有林区区域可持续发展的演进序列，分析国有林区区域可持续发展的系统脆弱性维度，建立国有林区区域可持续发展的系统脆弱性测评指标体系；其次，本书挖掘内部和外部驱动因素、提出林产工业作为国有林区发展脆弱性内生核心驱动因素的定位和测评方法；

第三部分为国有林区林产工业可持续发展的系统脆弱性分析。本书提出基于生态位进化的国有林区林产工业可持续发展演进序列、系统脆弱性维度结构，研究国有林区林产工业可持续发展的系统脆弱性测评的CRE效率准则，建立基于超效率混合DEA的国有林区林产工业CRE效率测评方法。

第四部分为国有林区森林生态服务资产化与多级交易市场体系建设。本书提出了森林生态服务资产化的使用权证制度和价值测算方法，构建包括基于自发组织的森林生态服务使用权证私人交易、基于政府导引的森林生态服务使用权证开放交易、基于政府调控的森林生态服务使用权证公共支付等三种主要模式的多级交易市场体系。

第五部分为环境要素内生驱动的经济增长理念与国有林区产业集群。本书提出环境要素内生驱动的产业集群理念，依据场理论，阐释吸聚产业集群的区域系统环境要素场力效应，剖析不同环境要素驱动区域经济增长和产业集群的模式类别，并针对性地提出生态环境要素内生驱动的国有林区产业集群模式。

第六部分为实证分析。本书以黑龙江省伊春国有林区为分析对象，测评伊春国有林区可持续发展的系统脆弱性，检验前五部分内容提出的理论框架和分析方法，并针对性地提出伊春国有林区可持续发展系统脆弱性的优化方案。

2 国有林区可持续发展系统脆弱性的理论框架

发展脆弱性是国有林区区域系统内部非协调发展所表现出的特性，在国有林区的发展历程中，由于内外部因素的影响，在不断破坏区域系统的稳态机制和增加不稳定性，这是国有林区区域系统在发展中副作用的量变，如果任其发展，累积到质变时，将致使国有林区区域系统彻底崩溃。本章构建国有林区可持续发展的系统脆弱性分析框架，依据植入生态环境要素的增长理念，将生态位思想引入社会经济关系，分析国有林区企业、产业、区域生态位的关联性，从一个全新的视角分析国有林区可持续发展的系统脆弱性，本书所涉及的核心概念之间的简要关系如图 2-1。

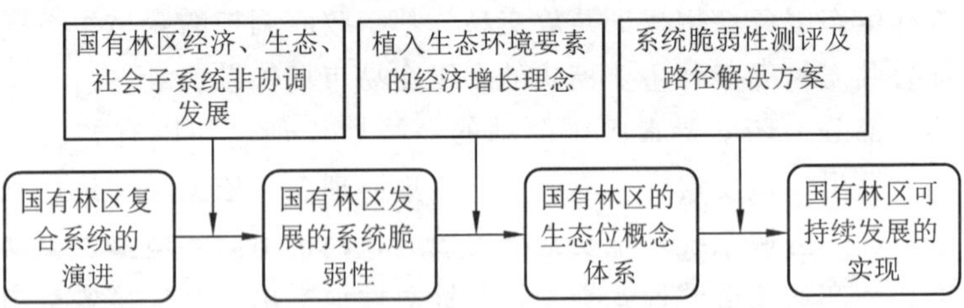

图 2-1 本书核心概念之间的简要关系说明图

Fig. 2-1 Explanatory drawing of relation between several core concepts

2.1 基本概念的界定与概念之间的关系分析

2.1.1 国有林区区域可持续发展

低碳经济时代，国有林区的功能定位需要体现大林业时代的观念，国有林区不再是一个单一的木材生产基地，而赋予了全新的功能体现在如下几个方面：①国有林区是更大区域系统甚至全国范围的环境容量保障，决定着国有林区区域系统经济发展的规模、速度和发展质量；②国有林区是碳储存的主力军，森林覆盖率与碳储存成正比；③国有林区是农牧副渔健康发展的前提，森林资源一旦遭到破坏，其他产业都将随之遭到灭顶之灾；④国有林区是生态文明建设的抓手，只有国有林区能够真正实现山川秀美、绿色家园；⑤国有林区是社会和谐的基础，保护好森林生态系统，就是保护好人类生存的家园，才能实现可持续发展。

国有林区的森林资源价值不仅仅是其经济价值，而更突出、更直接体现在其生态价值上，因此要提倡以森林生态技术为基础实现林业经营的生态化，使林业生态产业成为林业经济增长的主要源泉；运用生态技术和生态工艺，改造传统产业，形成生态化的国有林区林业产业体系，使人类生产活动具有净化环境、节约和综合利用自然资源的新机制，使人类社会系统与自然生态系统沿着相互协调的方向进化；通过生态旅游、休闲居住、林下多种经营使砍伐林木为生转变为营造森林生态致富。

国有林区复合系统的可持续发展需要符合低碳经济增长模式的要求，国有林区复合系统的可持续发展需要更加强调“生态优先性”，既保障国有林区区域系统内的良好生态环境，更要稳定地为更大范围的区域系统提供森林生态服务，更多地吸纳、过滤经济运行产生的工业污染物。国有林区复合系统的可持续发展不再是一个孤立的概念，越生态、越贫困的病态怪圈必须打破，国有林区经济发展、社会稳定是实现“生态优先性”发展战略的前提条件；一方面，国有林区需要对支柱产业——林产工业的运行方式实施转型升级；另一方面，需要建立科学的、切实可行的森林生态服务资产化模式和补偿机制，实现国有林区由以伐林造材为生向以营造生态致富的可持续发展途径。

2.1.2　脆弱性与国有林区区域可持续发展

2.1.2.1　脆弱性概念的引入

脆弱性定义源于自然科学领域，最初应用于探讨生态系统、水资源系统、农业系统、渔业系统、海岸带、干热河谷、喀斯特环境等生态环境系统对外部扰动的响应和其自身不稳定性的变化，结合各自研究领域对脆弱性进行了针对性定义，赋予了显著的领域特性[79～83]，此类学者共性地界定生态脆弱性是对复杂生态系统性质的一种评价，表现在人为活动或自然灾害的干扰下，生态系统处于崩溃或非期望状态，生态系统由一种状态演变成另一种状态，变化后缺乏恢复到初始状态的能力。脆弱性研究的主题虽然大都集中于三个方面，即探讨脆弱系统(个体)现有的分布状态、系统(个体)对外界胁迫的脆弱性和作为地方灾害的脆弱性，但是脆弱性的研究领域也逐渐扩大和专门化，突破了人文系统和自然系统的传统领域，关于社会经济、区域经济发展的脆弱性研究也越来越受到重视。部分学者将脆弱性分析方法应用于社会科学领域，针对社会福利、危机管理、灾害损失、政治阶层等专属领域的独特性，对脆弱性的定义进行了界定[84～87]，提出脆弱性是主体涉及不连续的、不可识别的自然或社会事件给人类生命或生活带来风险大小程度的因子，集合了环境、社会、经济和政治系统对一系列有潜在危害的扰动的防御能力。随后，部分学者从系统分析视角出发，就系统脆弱性的本质特征进行分析[88～91]，提出系统的脆弱性与其动态功能过程、稳定性及可逆性阈值的相应状态等密切相关，当系统的正常功能被打乱，并由此导致反馈机制被破坏，系统环境敏感性和退化趋势综合起来构成了系统脆弱环境的特有性质——脆弱性。在上述学者研究基础上，刘燕华研究员从脆弱性分类和脆弱性引发根源入手进行再界定[92]，提出两类系统脆弱性：① 系统(或个体)自身的内部结构决定该系统(或个体)脆弱程度，即系统(或个体)自身存在先天的不稳定性和敏感性，称之为结构性脆弱性；② 外界的压力或干扰易使系统(或个体)遭受损失或产生不利变化，称之为胁迫性脆弱性；胁迫性脆弱性按其胁迫来源，又可分为人类活动胁迫型和环境胁迫型。

2.1.2.2 区域系统发展脆弱性

赵国杰教授针对区域系统的特点，给出区域发展系统脆弱性的定义[93]：区域发展脆弱性是系统内部都存在的本质特性，由于内外部因素的影响，在不断破坏区域系统的稳态机制和增加不稳定性，是系统在发展中副作用的量变，如果任其发展，累积到质变的边缘是很难控制的，致使区域系统进入彻底崩溃的状态。从脆弱性的视角研究区域系统的可持续发展问题，分为社会和环境两个类别，其分类目的既强调人类生存对全球自然资源的外在影响(即环境脆弱性)，又强调了人类生存的内在能力以保持承载力的持续和增强(即社会脆弱性)，即对社会一环境复合系统发展的脆弱性考察；只有“在面临外界冲击和压力具有能够恢复的生计”才能称得上是可持续的。在面临压力和冲击时，组织建立起恢复力的应付和适应的内在战略非常关键，因而也是社会可持续性的关键因素。脆弱性就其本质而言是指：系统在受到外部刺激时，能够表现出来的敏感性和适应力；这种对脆弱性的理解同时包含了各种影响因素对系统冲击的程度和在维持系统稳定运行的前提下能够承受冲击的能力。脆弱性分析与评估的意义在于可以定量的描述某个区域发展所面临风险，以及由于某些资源的稀缺或者低效运行对区域可持续发展能力的冲击。所以说脆弱性是任何系统内部都存在的本质特性，是系统在发展中副作用的量变，如果任其发展，累积到质变的边缘是很难控制的，系统脆弱性隐蔽性和时滞性使其很难检测和预测。

2.1.2.3 区域可持续发展与系统脆弱性的关系分析

研究表明[18,46]：没有脆弱性或脆弱性很低才能实现可持续发展；脆弱性较高就必须通过政府政策或政府借助于市场的力量进行调控，以降低脆弱性；脆弱性超过了允许的阈值，就会产生震荡，可能导致区域系统崩溃。当然，调控目标的实现也不可能一蹴而就，调控不当也有产生崩溃的可能。因此，国有林区实现可持续发展的过程是一种抑制住脆弱性螺旋式上升的过程。

(1)脆弱性是可持续发展的一个时间函数。某一个国家或地区在特定的历史条件下，为达到整体的可持续发展，可能需要暂时牺牲国有林区的利益，即允许其脆弱性在一定历史时期内长期存在，而待时机成熟

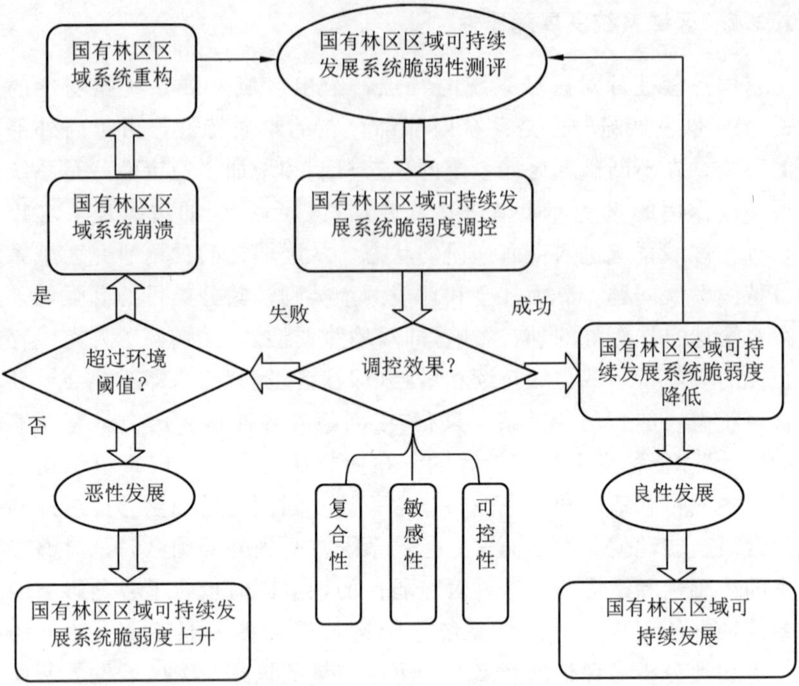

图 2-2　国有林区复合系统可持续发展与系统脆弱性关系分析图

Fig. 2-2　Relation analysis of national forest area's sustainable development and systemic vulnerability

后再重点解决国有林区区域系统发展的不稳定性、敏感性、损失度问题。这样，在一定历史时期就可能造成国有林区内部的不稳定性，导致国有林区发展的脆弱性；当这种脆弱性累积到一定程度时就需要解决。如果任由差距扩大，不要说长远的可持续发展目标不能实现，近期还有可能引发更大的动荡，导致国有林区区域系统的崩溃[94]。

(2)脆弱性是可持续发展的一个空间函数。即使在刻意追求可持续发展的过程中，也可能存在一定程度的脆弱性。其一，地区之间资源的丰度、自然环境的适宜性、区位的优劣等方面都存在不同程度的差异，由此所表现出的“发展状态”和“发展水平”自然也不可能是均衡的、稳定的。其二，在一个完全没有差异的空间中，物质的迁移、能量的交换、信息的流动将会全部陷于停滞，保持合理的国有林区发展脆弱性，把脆弱性规范在某个临界值之内，在脆弱性不超过这一临界值的情况下，寻求国有林区与其他区域系统的协调可持续发展，也不失为正确的战略选择[94]。

2.1.3 国有林区区域可持续发展的系统脆弱性基本内涵分析

国有林区偏离区域可持续发展标准和发展目标的程度，由国有林区经济、生态、社会三个子系统之间的非协调发展所引致。国有林区可持续发展的系统脆弱性由生态子系统脆弱性、经济子系统脆弱性和社会子系统脆弱性三个层面构成，而国家与区域政府对国有林区作为生态中心的功能定位，表明生态子系统的脆弱性是国有林区首要的、核心的脆弱性问题，生态子系统的脆弱性源于两个方面：第一，自然因素引致的森林演进困境(包括地震、火灾、气候变化等自然因素所造成的森林生态功能退化)；第二，经济发展引致的森林演进困境(粗放式的经济增长方式严重破坏森林资源，继而造成森林生态功能退化)。本书研究的重点在于后者，即国有林区粗放式的经济增长方式造成的生态子系统发展脆弱性，继而引致的社会子系统发展脆弱性。

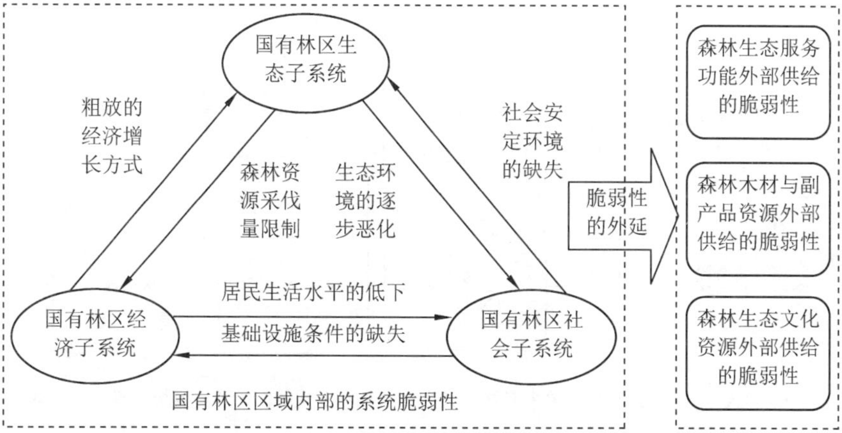

森林生态服务功能外部供给：包括固碳制氧、保持水土、涵养水源等生态服务功能供给；
森林木材与副产品资源外部供给：包括原木资源、林木制品、林药林果等资源供给；
森林生态文化资源外部供给：包括生态旅游、生态型房地产开发、商业展会等资源供给。

图 2-3 国有林区区域可持续发展系统脆弱性的简要概念说明图

Fig. 2-3 Concept explanatory drawing of sustainable developmental systemic vulnerability of national forest area

在图 2-3 中，一方面，经济子系统发展脆弱性引致了社会子系统的发展脆弱性，表现为："国有林区经济子系统粗放的增长方式，造成了对森林资源的掠夺性开采与对森林生态服务功能的巨大破坏"；生态子系统和经济子系统的发展脆弱性引致社会子系统的发展脆弱性，表现为："国有林区居民生活环境的逐步恶化和经济保障能力的不足"。另一方面，社会子系统的发展脆弱性反作用于经济子系统、社会子系统的发展脆弱性，表现为："严重缺乏的基础设施条件限制了国有林区的经济增长潜力，低下的居民生活水平造成了国有林区违规采伐森林资源的现象屡禁不止"；国有林区生态、经济、社会子系统的复合脆弱性进一步外延到林区以外，影响到国有林区对外部区域的森林生态服务功能和林木资源供给的稳定性。依据本书的研究重点——经济子系统发展脆弱性引致的国有林区生态子系统、社会子系统的发展脆弱性，可以进一步剖析并定位经济子系统脆弱性的源头(图 2-4)。结合图 2-4 可知，以林产工业为着力点，定位林产工业的低效运行(即林产工业自身的发展脆

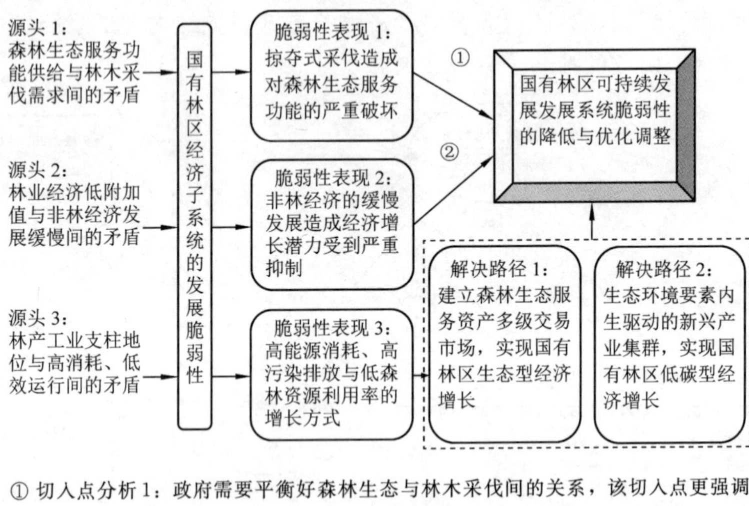

注：① 切入点分析 1：政府需要平衡好森林生态与林木采伐间的关系，该切入点更强调政策与法律体系的完善，并非是一个纯粹的学术问题；

② 切入点分析 2：缺乏资本、人力、技术等多方面的基础资源，国家对于林区生态功能区与林木资源生产基地的定位，林区无力改变林业经济为主体的基本现状。

图 2-4　国有林区经济子系统发展脆弱性的内部关联性分析

Fig. 2-4 Explanatory drawing of economic subsystem systemic vulnerability inner relation analysis of national forest area

弱性)为国有林区生态、经济、社会复合系统发展脆弱性的核心驱动要素，是符合学术研究价值及国有林区实际情况两个方面需求的，进一步剖析国有林区相关脆弱性概念之间的关系如图 2-5。

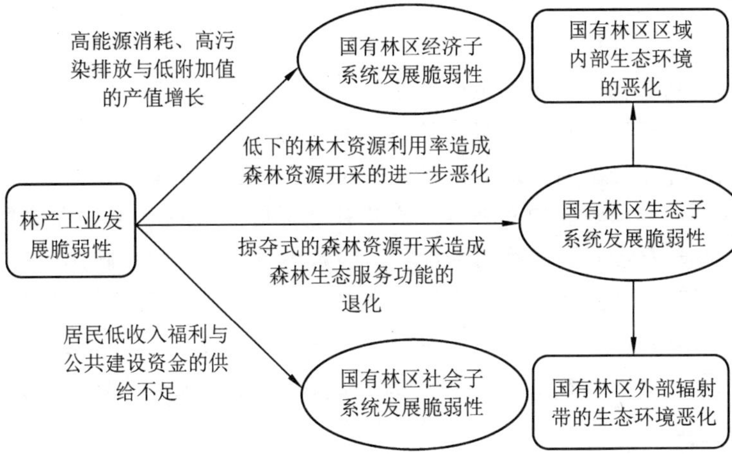

注：图中的“林产工业发展脆弱性”，特指林产工业运行过程中高能源消耗、高污染排放、低森林资源利用率、低附加值空间的产值增长方式，不包括森林采伐与储运过程中造成的林木资源消耗与环境污染

图 2-5　国有林区相关脆弱性概念的关联分析图

Fig. 2-5　Explanatory drawing of some systemic vulnerability concept of national forest area

上述国有林区区域可持续发展系统脆弱性的定义，蕴含了三个特性：

(1)动态性。国有林区在时空上是不断演进的，由最初因过度开采森林资源产生生态脆弱性(低阶脆弱性)恶性演进为森林生态恢复、林业经济增长和社会稳定发展之间的严重失衡(高阶脆弱性)，脆弱性因素的敏感度和突变性逐步增大且伴随更多、更复杂的脆弱性因素衍生，参照表 2-1 可知，林木采伐量支撑着粗放式林业经济的产值增长，伴随林木采伐量的上升，国有林区总体生态效益递减的幅度逐年增大，而粗放式的林业增长显然无法保障国有林区的经济增长增长和居民富裕，从人均总产值和人均工资两个指标来看，国有林区与全国平均水平逐年拉大，国有林区森林生态、经济增长和社会保障之间出现动态的恶化循环，复合系统由单纯的低阶脆弱性进化到高阶脆弱性。

(2)反馈性。国有林区对脆弱性因素的敏感性和突变性产生积极反馈效应，内部和外部驱动因素发生变动必然引致相对响应，响应程度取决于脆弱性因素的敏感性、突变性和反馈机制；国有林区指令性木材生产和粗放式经济增长的发展模式，致使国有林区复合系统对于脆弱性因素出现不利变化而产生的负向反馈具有放大效应。参照表 2-2 可知，指令性木材生产造成森林可采资源的逐年下降以及森林生态效益的锐减；粗放式的林业经济增长造成国有林区人均总产值和职工工资远低于全国平均水平，继而致使国有林区在人均社会保障、福利和卫生保健费用、人均年度教育经费、人均可支配收入的购买力系数三项反映国有林区居民生活保障水平的指标均严重低于全国平均水平；诸如此类的因果反馈关系在国有林区生态子系统、经济子系统和社会子系统之间普遍存在，因此可以判定国有林区复合系统可持续发展的系统脆弱性具有明显的反馈性。

表 2-1　2001～2008 年度国有林区林木开采、生态恶化与社会失衡的列表一

Tab. 2-1　Unbalanced operational status of national forest area from 2001 to 2008

年份	2001	2002	2003	2004	2005	2006	2007	2008
采伐量（万立方米）	1046.47	848.04	965.15	1152.29	1027.89	1192.42	1314.79	1435.43
总体生态效益（万亿）	20.96	18.41	16.60	14.27	13.58	12.07	10.97	10.01
国有林区人均总产值［元/(人・年)］	7578	8294	8900	9541	10638	12449	14434	16195
同时期全国人均总产值［元/(人・年)］	8467	9272	10460	12277	14079	16214	19622	22805
国有林区职工工资［元/(人・年)］	6389	7116	7790	8563	9326	10701	13563	15701
全国职工平均工资［元/(人・年)］	10870	12422	14040	16024	18364	21001	24387	29229

表 2-2　2001～2008 年度国有林区林木开采、生态恶化与社会失衡的列表二

Tab. 2-2　Unbalanced operational status of national forest area from 2001 to 2008

年份	2001	2002	2003	2004	2005	2006	2007	2008
采伐量（万立方米）	1046.47	848.04	965.15	1152.29	1027.89	1192.42	1314.79	1435.43
总体生态效益（万亿）	20.96	18.41	16.60	14.27	13.58	12.07	10.97	10.01
国有林区人均总产值[元/(人·年)]	7578	8294	8900	9541	10638	12449	14434	16195
同时期全国人均总产值[元/(人·年)]	8467	9272	10460	12277	14079	16214	19622	22805
国有林区职工工资[元/(人·年)]	6389	7116	7790	8563	9326	10701	13563	15701
全国职工平均工资[元/(人·年)]	10870	12422	14040	16024	18364	21001	24387	29229
国有林区人均社会保障、福利和卫生保健费用（元/人）	458.12	456.06	534.37	632.14	736.01	916.63	1001.63	1131.70
同时期全国人均社会保障、福利和卫生保健费用（元/人）	514.05	594.65	664.65	739.42	878.35	1166.12	1378.33	1475.24
国有林区人均年度教育经费（元/人）	277.56	346.35	386.33	490.72	547.45	609.61	752.68	614.41
同时期全国人均年度教育经费（元/人）	370.58	438.64	527.31	592.26	640.79	732.10	835.03	931.29
国有林区人均可支配收入的购买力系数	35.98	36.45	38.97	43.80	46.60	51.67	58.34	64.42
同时期全国人均可支配收入的购买力系数	47.47	49.98	53.83	61.44	66.19	71.97	81.75	90.11

（3）时滞性。当国有林区与脆弱性因素的变动形成反馈后，内部的破坏可与脆弱性因素异步变动，滞后具有隐蔽性；一方面，过度采伐林木造成生态效益辐射带内相关省市区域的生态环境恶化影响在多年后得以显现，属于隐蔽性的滞后效应；另一方面，国有林区计划经济色彩浓

重、政企功能重合且错位，针对降低脆弱性而出台的相应调整政策往往受制于计划性体制的掣肘、政策实施效果差，负向效应逐步积累，面临出现冲击式崩溃的危险。此外，结合刘燕华对脆弱性分类和引发根源的界定，国有林区同时存在结构性脆弱性和胁迫性脆弱性，以人类活动胁迫型脆弱性为主。参照表 2-3 可知，尽管近年来中央和地方政府均高度重视森林生态的恢复和林产工业的生态化改造，然而林业采伐仍然逐年递增且林业经济仍然占据国有林区的绝对主导地位，单位国内生产总值能耗、万元 GDP 未达标工业废水排放量和万元 GDP 未利用固体废物排放量三项反映林产工业运行 3R 效益的指标仍然远高于全国平均水平，从而造成国有林区森林生态的持续恶化，国有林区复合系统的发展脆弱性具有典型的时滞性。

表 2-3　2001～2008 年度国有林区林木开采、生态恶化与社会失衡的列表三

Tab. 2-3　Unbalanced operational status of national forest area from 2001 to 2008

年份	2001	2002	2003	2004	2005	2006	2007	2008
采伐量（万立方米）	1046.47	848.04	965.15	1152.29	1027.89	1192.42	1314.79	1435.43
总体生态效益（万亿）	20.96	18.41	16.60	14.27	13.58	12.07	10.97	10.01
国有林区林业总产值(万元)	4090.5	4634.2	5860.3	6892.3	8458.7	10107.2	11870.9	14406.4
林业总产值占工业总产值比例(%)	75.04	73.29	74.46	69.61	72.73	73.49	69.45	71.36
国有林区单位国内生产总值能耗(吨标准煤/万元)	1.698	1.624	1.611	1.623	1.575	1.481	1.433	1.378
同时期全国单位国内生产总值能耗(吨标准煤/万元)	1.423	1.379	1.321	1.273	1.214	1.168	1.091	1.062
国有林区万元 GDP 未达标工业废水排放量(吨/万元)	5.976	2.695	1.090	0.953	0.723	0.600	0.617	0.882
同时期全国万元 GDP 未达标工业废水排放量(吨/万元)	3.070	1.067	0.766	0.464	0.261	0.255	0.249	0.246
国有林区万元 GDP 未利用固体废物排放量(吨/万元)	0.338	0.269	0.248	0.215	0.211	0.160	0.147	0.172
同时期全国万元 GDP 未利用固体废物排放量(吨/万元)	0.279	0.227	0.203	0.189	0.171	0.129	0.103	0.097

2.1.4 植入生态环境要素的增长理念与区域可持续发展

区域系统发展的实质就是综合支撑系统与综合消耗水平相互作用、相互胁迫，由低级粗放式发展向高级协调共生发展的螺旋式上升的过程[95]。新中国成立以来，多数区域系统为追求单纯产值目标而沿袭粗放式的发展模式，造成区域经济、生态、社会子系统均出现不同程度的退化和高度脆弱性，从系统的角度全面理解“经济增长—环境容量”之间的关系，合理地协调两者间的互动作用过程，是适应低碳经济时代、促进区域系统经济增长方式转型升级的重要内容。党的十七大报告提出[96]：建设生态文明，基本形成节约能源资源和保护生态环境的产业结构、增长方式、消费模式。打造高质量集约增长模式，以提高资源利用效率为核心，追求更少的资源消耗、更低的环境污染，获得最大的经济效益。

近年来，经济增长的环境效应引起了广泛关注，具有代表性的是Grossman 和 Krueger(1991)把西蒙·库兹涅茨[97]的“倒 U 型假说”引入环境污染和经济增长关系的研究，用曲线表示呈倒 U 型的环境库兹涅茨曲线(Environmental kuznetscurve，EKC)。随后，Shafik[98~102]等众多学者用 EKC 对不同国家经济增长和环境质量关系进行对比分析，验证了环境库兹涅茨曲线。目前，我国关于 EKC 的分析和研究已经展开，结果表明，我国的 EKC 曲线转折点尚未达到，牺牲环境容量的粗放式经济增长模式，致使我国 EKC 曲线的形状甚至呈现出单调递增的三次曲线，部分区域系统的 EKC 曲线是向后弯曲的[103~105]；以生态理论为指导思想，融经济增长与环境保护于一体的新型增长模式，符合“十七大”生态文明建设的发展战略，有利于打造适应低碳经济的集约式经济增长，促进 EKC 曲线快速突破拐点，是实现经济增长—环境容量协调可持续发展目标的实践路径。

西方发达国家的经济发展实践表明，环境管制从长期角度来看，促进了生产效率的提高，激励了技术创新，对长期经济增长产生显著的正向效应。Romer(1986)提出内生增长理论，强调知识资本、人力资本的积累将会给社会整体带来效应，可以称之为技术进步所带来的“辐射效果”。Romer 模型假设经济中有四种基本投入：资本(K)、劳动(L)、人力资本(H)和知识资本(A)，本书在尹静[106]以及贺俊[107]对 Romer 模型进行改进的研究成果基础上，将污染强度引入生产函数，用参数 $z \in [-\infty, +\infty]$表示污染系数，衡量增长方式的污染程度[108]。当 $z \geqslant 1$，表示生态环境成为促进经济增长的动力要素、呈现了经济增长的放大效应；当 $z < 1$，产出低于潜在产出甚至呈现负增长，其总量生产函数表述为：

$$V_{(t)} = A_{(t)}^{\alpha+\beta} H_{(t)}^{\beta} L_{(t)}^{\beta} K_{(t)}^{r} z_{(t)}；\alpha + \beta + \gamma = 1；\alpha，\beta，\gamma > 0 \tag{2-1}$$

环境质量的变化受到两种因素影响[109]：一是污染排放造成的环境水平下降；二是环境自我修复能力(由 c_t引发)和人为修复能力(由 z_t引发)；两种因素综合影响的结果决定当期环境水平高低，c_t表示环境水平 $E_{(t-1)}$在当期(第 t 期内)的环境自我修复能力系数，当期环境水平方程为：

$$E_{(t)} = E_{(t-1)} \times z_t + E_{(t-1)} \times c_t \tag{2-2}$$

植入生态环境要素的增长模型进一步丰富了内生经济增长理论，将公式(2-1)和公式(2-2)联立分析，可以提出当期经济增长水平($\triangle Y$)和由$\triangle Y$ 引致的环境影响程度△E(用价值量单位表示)之间有如公式(2-3)所示的关联关系，其中 $\theta = z_t + c_t = f(A, H, L, K, P) + c_t$($P$ 为促进生态环境改善的经济政策和法律法规的影响效应)，不同时序、不同地区经济增长$\triangle Y$ 与环境影响$\triangle E$ 之间的关联函数 θ 具有差异，形成$\triangle Y$和$\triangle E$ 之间的组合关系，即图 2-6 中的散点；不同散点与原点(即 0 点)形成夹角 α，该夹角的正切函数值由经济增长$\triangle Y$ 与环境影响$\triangle E$ 之间的关联函数 θ 决定。综上所述，无论是区域系统的短期经济增长还是长期最优增长，均需要将生态环境和技术进步等要素内生化。

$$\begin{aligned} \Delta E &= E_{(t)} - E_{(t-1)} = \Delta Y \times \theta \\ &= (Y_{(t)} - Y_{(t-1)}) \times [f(A_{(t)}, H_{(t)}, L_{(t)}, K_{(t)}, P_{(t)}) + c_{(t)}] \end{aligned} \tag{2-3}$$

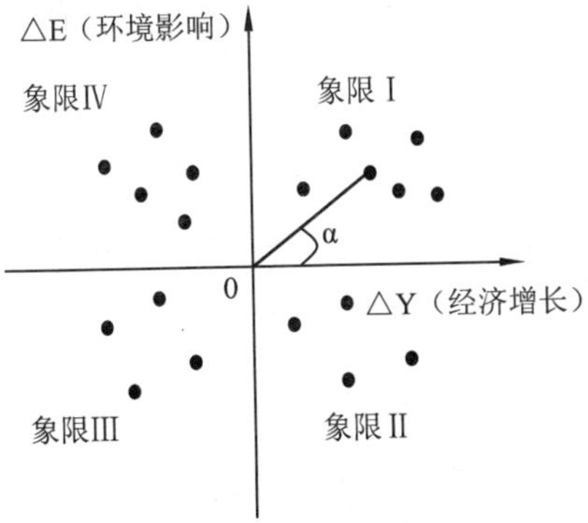

△Y：经济增长水平；△E：由△Y 引发的环境影响程度

象限Ⅰ：△E>0，△Y>0，经济增长与环境影响为同向正增长关系；

象限Ⅱ：△E<0，△Y>0，经济增长为正向增长，环境影响为负向增长；

角限Ⅲ：△E<0，△Y<0，经济增长与环境影响为同向负增长关系；

象限Ⅳ：△E>0，△Y<0，经济增长为正向增长，环境影响为负向增长；

注：图中的散点表示不同区域系统△Y 与△E 的组合关系，α 表示该种组合关系在图示坐标轴中的斜率，但并非实际的因果线性关系；事实上，△Y 与△E 均受到复杂的多维因素影响，这部分内容并非本书的研究重点。

图 2-6 经济增长与环境影响之间的互动分析示意图

Fig. 2-6 Interactive analysis's figure of economic growth and environment

2.1.5 生态位理念与国有林区区域可持续发展

2.1.5.1 生态位理念的引入

依据 2.1.4 中提出的植入生态环境要素的经济增长理念，本书引入生态位的概念，对国有林区区域系统的可持续经济增长内涵进行全新界定。生态位原指生物有机体在它的环境中所处的位置和所发挥的功能，包括有机体在特定时序内存续所需的各种条件和所利用的资源，是每种生物对资源及环境变量的选择范围所构成的集合。

生态位体现出的生物有机体同存续环境间的互动作用关系，高仿真度地契合了社会经济领域中不同类别执行主体与环境要素之间的互动博弈、渐进整合的演进过程，国内外学者以生态位理论为指导，在多个领域取得了一系列具有创新性的研究成果，如知识经济背景下虚拟企业知识创新的动态过程机理研究[110，111]、企业技术能力演化机理的研究[112，113]、高校核心能力分析与测评研究[114]、企业竞争排斥与环境变化的关系研究[115，116]、探寻城市群结构变化过程的研究[117，118]、区域产业集群生态位的研究[119,120]等。国内外学者沿袭生态学中有机体生态位的特征和哲学逻辑思维，以模仿生物体在其生存的环境系统中与各类不同执行主体互动作用关系，以及在社会经济环境系统中所处的功能地位为分析对象，未能将生态环境要素植入各类执行主体的社会经济关系研究，无法系统地体现经济有机体运行与生态环境容量间的协调促进发展；本书将生态位思想引入社会经济关系，重新界定区域系统生态位内涵，丰富了具有人文内涵的经济生态位概念体系，并从生态位进化视角分析国有林区复合系统发展的脆弱性研究问题。

在纯粹的生态环境系统中，各类生物有机体和生态环境要素通过物质、能量、信息的交换，形成具有独特功能作用的生态位，生物有机体生态位群落进一步构成循环可持续发展的生态环境系统；社会经济系统的运行建立在自然环境系统之上，通过资本投入、人力投入、技术应用和组织协调对自然资源采掘和利用，并对自然环境系统产生一定的反馈（以生态破坏为主的负向反馈和以生态修复为主的正向反馈），社会经济关系这一多变敏感要素的引入，产生了对生态环境系统发展的干扰、增加了复杂性，如图 2-7。

2.1.5.2 国有林区企业、产业、区域生态位的内涵界定

(1)国有林区企业生态位。企业本身具有一定的固有属性[85]，是由客观环境系统整合而成。这些性质主要表现为国有林区企业内部生态结构、资源特征、产品性质、生产能力、客户对象等。简单地讲，国有林区企业生态位是一种基于森林环境资源空间特性和企业固有性质互动的客观关系定位，是国有林区企业与森林资源、生态环境互动匹配(适应)后所处的客观状态，国有林区企业生态位表达了企业运行与森林资源、生态环境之间所形成的一种共存均衡状态，国有林区企业生态位强调："企业运行必须考虑森林资源利用效率与对生态环境的影响，要将资源循环利用理念与绿色技术范式植入企业的经营管理体系，要将企业运行的资源价值成本与生态环境成本纳入企业经营成本核算体系。"，是一种注重森林资源合理利用、生态环境逐步恢复的企业运行模式。

(2)国有林区产业生态位。国有林区产业生态位是描述林业产业与其所处生态环境之间的总关系，是在特定时期内、特定环境里，经由林业产业自身能动地与所处环境相互作用过程中所形成的相对地位与独特

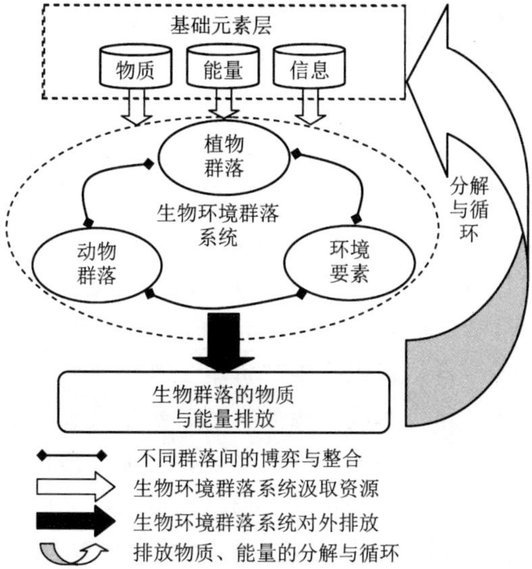

(a) 生物环境群落系统的结构示意图

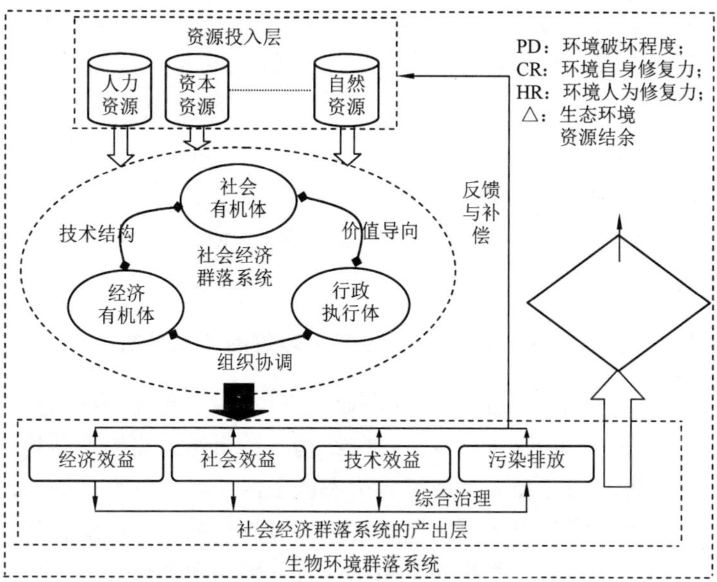

(b) 社会经济群落系统的结构示意图

图 2-7 某个时序生物环境群落系统与社会经济群落系统的结构演示图

Fig. 2-7 Structural presentation figurer of biological environment and socio-economic communities

功能。国有林区产业生态位反映着某个时序特定环境内，人类通过特定的产业组织、产业技术和产业结构，驱动森林资源、资本资源和人力资源等产业生态因子的博弈和整合，形成特定的运行模式，在此过程中包含着国有林区政府对林业产业内部管理与集成、外部环境适应与反馈两个层面的宏观调配；国有林区产业生态位是由不同企业生态位按照一定的生产与组织关系，博弈与整合而成的独特产业链条关系，是一种注重在生态环境容量范畴内企业生态位资源链接与整合的产业运行模式。

(3)国有林区区域生态位。国有林区区域系统从其所在大尺度区域中所能获得的各种自然资源、生产资本、人力资源和社会资源等各种资源的综合，包括各种资本或资源的类型、数量及其在空间上和时间上的分布；反映了国有林区区域系统的性质、功能、地位、作用以及发展规模和速度的定位，包含国有林区与周边区域系统之间的社会经济与生态关系的综合，也包括国有林区政府通过特定的产业关联、行政调控和价值导向，驱动自然资源、资本资源和人力资源等区域生态因子的博弈和整合而成的特定发展模式，它是国有林区区域生态位构建作用的结果。因此国有林区区域生态位又可以分解为：资源生态位(阐释为森林资源的合理利用)、环境生态位(阐释为生态环境的逐步恢复)、经济生态位(阐释为产业群落运行与森林资源利用、生态环境容量间的动态平衡)、社会生态位(阐释为森林生态文化、基础设施建设与居民生活保障等要素的融合)等多个向量，是一种基于植入生态环境要素内生增长理念的区域系统运行模式。

2.1.5.3 国有林区企业、产业、区域生态位的关系分析

从微观(企业生态位)、中观(产业生态位)、宏观(区域生态位)三者关联性开展分析，企业通过特定组织结构、技术结构和生产结构，驱动自然资源、资本资源和人力资源等生态因子的博弈和整合，进而形成企业生态位；隶属同一产业内的企业群，通过特定的产业组织、产业技术和产业结构，驱动企业群落的生态位进行再博弈和再整合，凝聚而成独特资源利用方式和产业发展模式；隶属同一区域系统的产业群落，通过特定的产业关联、行政调控和价值导向，驱动产业群落的生态位有方向、有组织地整合为特定产业链，继而形成区域系统独特的增长方式和竞争力；由此，国有林区企业、产业和区域生态位之间具有博弈和整合

的演进关系，如图 2-8。

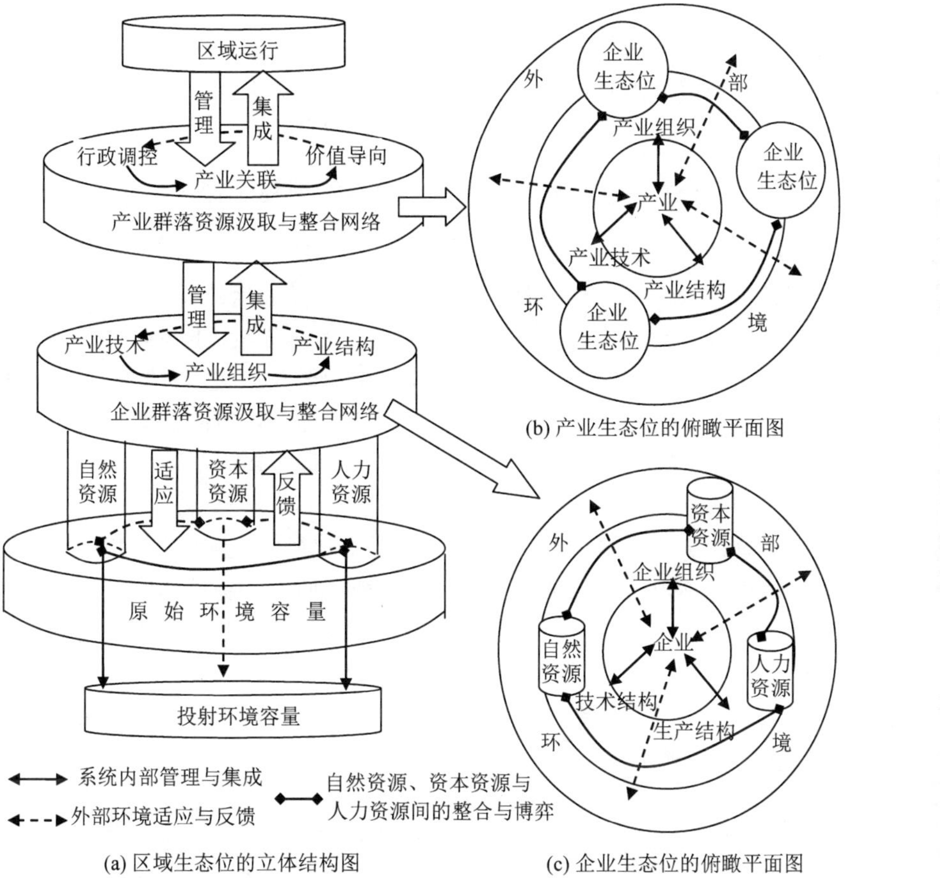

图 2-8　某个时序国有林区区域生态位的结构演示图

Fig. 2-8　Structural presentation figure of specific regional ecological niche in some time

2.2　基于生态位理念的国有林区可持续发展系统脆弱性分析

国有林区寓森林生态服务功能供给、区域经济发展、居民社会保障于一体的复合体特征，要求国有林区必须建立以森林生态为优先保障的独特发展模式，以期解决当前国有林区森林生态、经济增长、社会保障恶性循环驱动的发展脆弱性，本书依据2.1节中有关本书核心概念界定与关系分析，提出植入生态环境要素的增长理念、以生态位的思想为导引，全新地解读国有林区可持续发展系统脆弱性测评的内涵，并提出降解国有林区可持续发展系统脆弱性的基本理念。

2.2.1 基于生态位态势理论的国有林区区域生态位进化

生态位理论认为，任何生物单元都有“态”和“势”两个方面的属性。“态”是指生物体单元的态势，是生物体单元过去生长发育、自主适应、组织协调以及与环境相互作用积累的结果，“势”是指生物体单元对环境的现实影响力和支配力，生态位是某个生物单元的“态”和“势”两个方面属性的融合，融合效果取决于两点：一是主体与环境的物质、能量和信息交换的状况；二是主体自身的新陈代谢，即主体内部各个部分运行及相互协调的状况。

生态位进化是指事物的进步性演化和发展。与生物进化相比，国有林区的进化不仅是自然的，以适应为准则，而且是有目的的；因此，国有林区生态位进化具有明显的方向性，是区域系统改变或修复其所处环境的过程，其实质是“有机体在其所处环境中的自然选择”，这一过程也称为大尺度上的生态系统工程。相比于自然生物体的生态位进化，国有林区生态位进化能够在很大程度上体现出人类社会的主导作用——促使区域生态位朝着设定的方向演进。国有林区生态位进化能力描述的是区域系统“势”的属性，反映的是区域系统与所处环境之间的物质、能量、信息交流转换的情况，主要是指区域系统对所处环境的主动的、有方向的适应，是区域系统在环境中的“变异－检验－保留与传衍”的过程，国有林区发展模式的改变以及环境相应的“挑剔”反应形成了区域生态位的演进序列，是区域系统不断自我组织、自我学习、自我创新的进化能力，即国有林区由低阶生态位向高阶生态位跃迁的能力。

2.2.2 基于生态位理念的国有林区可持续发展系统脆弱性测评

研究国有林区发展的系统脆弱性是研究国有林区可持续发展的基础，只有挖掘出国有林区系统中阻碍可持续发展的因素并进行必要调整才能实现可持续发展。国有林区是社会、经济、生态三个子系统相互作用、相互依赖、相互制约而构成的紧密联系的复杂系统，脆弱性评价的目的是反映国有林区系统在发展过程中对外界变化的敏感性，及自身系统积累负向量变的程度，为制定国有林区可持续发展战略提供定性的理论分析和定量的数据参考。目前，迫切需要一种能够量化评价国有林区系统发展脆弱性的方法，通过实证研究获得可靠的分析数据，继而对国有林区发展的指导思想、发展政策、战略部署、规划决策、技术选择等方面进行系列调整和转换。

本书对国有林区可持续发展的系统脆弱性测评，是根据现有的各种监测数据和统计资料，对国有林区系统发展的稳定性和敏感性、对国有林区经济健康发展提供的保障能力、对林业产业体系运行提供的资源环境承载能力、对国有林区系统提供的生态服务功能以及从其不利影响中重新恢复的能力进行评价。纵向评估是关于系统自身结构和功能的评价，是对系统发展进程和现有状况的一种定性或定量的描述，从中可以挖掘出制约国有林区系统可持续发展的瓶颈环节和脆弱性根源，便于及时地、因地制宜地制定调整策略，以保障国有林区系统能够同时在经济、社会、生态三个层面上的可持续发展。需要特别说明的是，本书研究脆弱性测评的重点，在于对由经济子系统(尤其是林产工业运行脆弱性)粗放式增长引致的国有林区生态子系统和社会子系统的发展脆弱性；而对于由自然环境恶化造成的生态子系统发展脆弱性、因采伐效率低下造成的经济子系统发展脆弱性的测评，则不在本书的研究范畴之内。基于生态位进化的理念，本书进行国有林区区域生态位进化的系统脆弱度的测评，包括以下三个方面的主要内容：

(1)国有林区区域可持续发展的系统脆弱性测评。本书从系统协调角度出发，分别考虑区域系统可持续发展过程中各子系统间的协调发展度，测评区域系统可持续发展的系统脆弱度，应用因子分析方法将国有林区区域可持续发展的系统脆弱性，解析为几个层面的子因子，对区域系统脆弱性构成因子进行分析并定位核心驱动因子，为国有林区可持续发展的系统脆弱性研究挖掘了着力点。

(2)林产工业内生驱动的国有林区区域可持续发展的系统脆弱性测评。本书以林产工业系统为纽带，深入探讨林产工业运行对国有林区森林生态、经济增长、社会保障等层面脆弱性的影响等研究内容，应该对国有林区各个分析子系统针对性地设置评价指标和选择评价模型，应用

Entropy－Topsis 模型对不同分析单元的系统脆弱性进行测评，有利于分析某个年度国有林区因偏离林区经济、生态、社会等层面发展标准所引发的系统脆弱性程度。

(3)国有林区林产工业可持续发展的系统脆弱性测评。本书从纵向和横向两个方面研究国有林区林产工业增长、能源消耗和环境容量的效率关系，并建立超效率混合 DEA 模型，测算国有林区林产工业运行 CRE 效率指数对不同投入产出指标波动的敏感度系数，解析相应分析数值的经济内涵，继而挖掘国有林区林产工业可持续发展系统脆弱性的关键性因素，为后续调整策略的制定提供了科学的、定量的参考依据。

2.2.3 基于生态位理念的国有林区可持续发展系统脆弱性路径解决

国有林区可持续发展系统脆弱性的优化调整，其本质在于国有林区经济增长理念的再确立，本书在 2.1.4 中提出了植入生态环境要素的国有林区经济增长理念，事实上这一理念的确立正是优化调整国有林区区域可持续发展系统脆弱性的思想基础和新颖视角，具体的路径解决方案包括两个方面：

第一，森林生态服务有效补偿机制的建立。森林生态服务资源的高效配置、合理补偿是循环经济、生态经济研究领域的重要学术议题，学者们取得了一系列具有创新性的学术成果，例如：提出以政府为依托构建森林资产会计核算体系并以国家为信托进行转让[158~161]；以生态资本的积累和运营的方式探讨生态资产的转让[162,163]；提出区域生态资产空间流转的操作模式[164,165]；构建联系工厂、森林和居民的森林生态服务产权市场[166,167]；建立市场化的生态环境公共产权模式，形成公私产权对接的产权混合市场[168,169]；综上所述，众多学术成果对本书提出基于使用权证制度的森林生态服务资产化理念，继而构建构建森林生态服务使用权证多级交易市场体系奠定了研究基础并提供了借鉴。

第二，经济运行方式的彻底转变和产业集群的生态化改造。依据美国著名学者波特的区域经济增长理论，将区域系统经济发展模式划分为四种基本方式[170]，众多学者基于该经济理念对产业集群的形成机制和升级演进开展研究，例如：将技术创新理论与产业集群演化结合起来揭示产业集群演变的动力因素和内在机理[173~176]；以组织生态理论为基础，系统地提出产业集群内模仿、规制、规范是集群演进的最重要动力[177,178]；

剖析区域品牌效应与产业集群存在着密切的互动关系和两者耦合而形成的磁场效应[179,180]；剖析区域系统内各类资源要素整合能力对产业的聚集效应[181～183]等。以波特为代表阐述的产业集群增长方式，多数注重产值增长的经济规模扩张，未能充分考虑资源利用效率、投入产出效率和生态环境保护三个维度限制下的经济增长有效性问题，面对当前国有林区经济粗放增长、自然资源有限与生态环境破坏严重之间的尖锐矛盾，探讨国有林区的新型产业集群方式具有重要的理论价值和实践意义。

2.2.3.1 森林生态服务资产化理念与多级交易市场体系

(1)森林生态服务的"公共品"属性。对比于常规的商业化产品和服务，森林生态服务的外部性使其具有典型的公共品属性，成为森林生态服务市场构建和运行的本质障碍。从经济学角度分析，森林生态服务具有明显的公共品属性。除森林景观服务具有一定的排他性以外，其他森林生态服务如保持水土、涵养水源、净化环境等服务的非排他性都非常明显，经营者无法将"搭便车"的受益主体排除在外。同时，森林所提供的各种生态服务在其生态功能可容纳的能力和范围之内是不具备竞争性的，比如森林所提供的固碳制氧服务，不会因多一个人就影响其他人享有这种服务，见表2-4。

表2-4 森林生态服务价值体系及市场化分类

Tab. 2-4 Marketization's classification of forest ecological service's value system

市场化(具有排他性)	景观游憩的实物量和价值量
具有市场化趋势(间接排他性)	固碳制氧的实物量和价值量 涵养水源的实物量和价值量
未市场化(不具有排他性)	防护土地和保育土壤的实物量和价值量 净化环境的实物量和价值量 生物多样性的实物量和价值量 农业和住区防护的实物量和价值量

注：①不包括珍稀树种和受保护动物的价值核算

(2)外部性引致森林生态服务的供需失衡。如图2-9，可以对森林生态服务引致的正向与负向外部性开展如下分析：

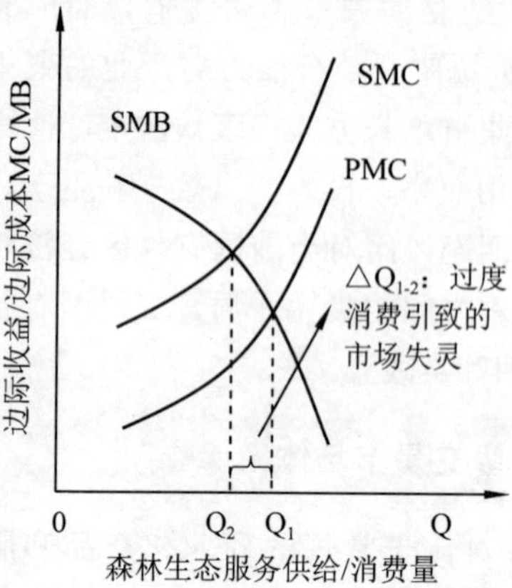

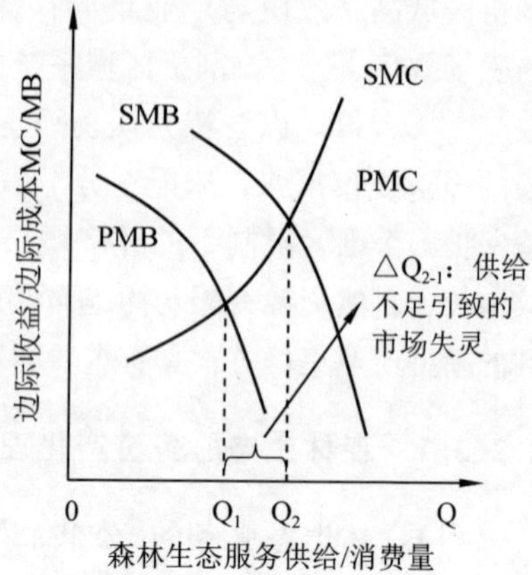

图 2-9 森林生态服务正负外部性的供需失衡分析

Fig. 2-9 Unbalanced supply－demand relation's analysis of forest econological service's Negative Externalities

①森林生态服务引致的负向外部性。作为公共品的森林生态服务供给，其经济使用成本近乎为零，理性经济人从最大化利益的理念出发，部分主体过量使用有限公共资源会间接地提高其他经济主体的利用成本，继而造成明显的负向外部性。从森林生态服务消费视角分析，负向外部性的存在是因为私人边际消费成本(PMC)小于社会边际消费成本(SMC)，由私人边际消费成本决定的均衡产量 Q_1 会远远大于社会均衡产量 Q_2，致使森林生态服务功能过度使用。

②森林生态服务引致的正向外部性。森林生态服务的公共品经济价值几乎全部外溢在主体经营利益之外。鉴于森林生态服务公共品的非排他性，经营者难以参照常规商品交易的模式进行市场运作和获得合理收益权。从森林生态服务供给视角分析，经营者的私人边际净收益(PMB)远小于社会边际净收益(SMB)，由私人边际收益决定的均衡产量 Q_1 就远小于社会均衡产量 Q_2，造成森林提供的生态服务长期处于无人支付状态，除政府行为外，私人部门的森林生态服务供给存在明显不经济性。

③森林生态服务供给失衡的制度经济学分析。经济学把无法由市场机制实现帕累托最优的现象归纳为市场失灵。产权界定不清引致森林生态服务公共品、外部性问题的产生，通过资产化和产权化的方式，将森

林生态服务的外部性逐渐内化，经济运行必须为其消耗的森林生态服务资源进行补偿，经济运行体从经营者购买森林生态服务使用权，将其纳入生产函数；经营者则从生态服务中取得收益，获得持续供给生态服务的经济动力。市场机制引导森林生态服务资源合理配置，实现帕累托最优。对于社会居民而言，通过正向和负向外部性互相抵消，健康的生态环境权利也得到保障。

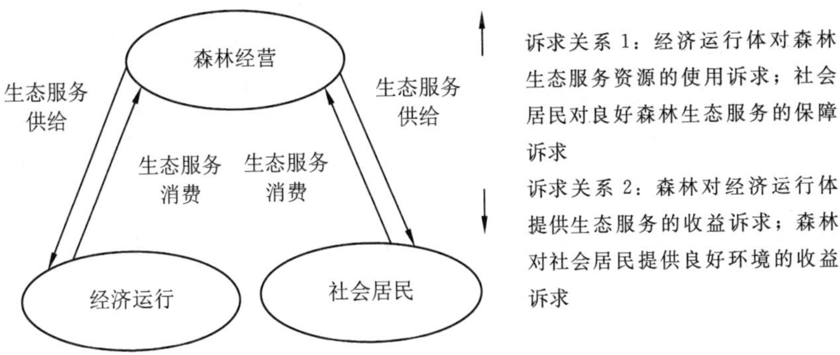

图 2-10　森林生态系统、经济运行和社会居民间的生态服务诉求关系分析

Fig. 2-10　Ecological environment's appealing relation of forestry system, economy operation and social residents

2.2.3.2　区域系统的产业集群增长理念与产业集群动力模式

在不破坏国有林区区域系统内部生态环境、促进国有林区对外部区域系统发挥森林生态服务效益的基础上，建立环境要素驱动的区域产业集群，是实现国有林区区域可持续发展系统脆弱性优化调整的经济层面保障，为切实地降低国有林区的发展脆弱性提供产业集群方案。

表 2-5 产业集群动力驱动模式的对比分析表

Tab. 2-5 Comparative analytical list of industrial cluster's driving mode

驱动模式	表现方式	代表区域
资源驱动	依托自然资源的开采和利用形成资源型产业集群，例如：煤炭产业、石油产业、钢铁产业等	太原、大庆、鞍山；英国阿伯丁、沙特阿拉伯达曼、德国鲁尔等
投资驱动	依据巨额外来资本投资建设具有一定规模和竞争力的产业集群。例如：汽车产业等	美国底特律、日本丰田、中国长春、意大利都灵、德国吕塞尔海姆等
创新驱动	依据企业研发中心、知名高校、研究院所构成的创新网络，形成软件业、IT 制造业等产业集群	美国西雅图、美国硅谷、法国里昂、中国台湾新竹、印度班加罗尔等
环境驱动	依据区域独特的生态环境、商业氛围、政治中心、文化底蕴等环境资源，形成旅游业、酒店业、商务服务业、房地产业等产业集群	海南岛、苏州、桂林；巴黎、罗马、梵蒂冈、赫尔辛基、鹿特丹、米兰、佛罗伦萨、卢森堡等
财富驱动	依据区域充沛的资本资源、科技资源、人力资源，完善的基础设施，深厚的文化底蕴，形成具有独特区位优势的产业集群，如金融业、科技服务业等	上海、北京；纽约、芝加哥、洛杉矶、法兰克福、悉尼、伦敦、东京等

从经济增长动力角度开展分析，波特将区域系统产业集群的驱动方式划分为资源驱动型、投资驱动型、创新驱动型和财富驱动型，在此基础上，本书提出环境驱动型区域产业集群驱动模式，该理念将环境要素对产业集群的吸聚效应给予重视，充分考虑资源利用效率、投入产出效率和生态环境保护三个维度下的产业集群增长，丰富了波特等学者关于区域产业集群的增长理论。区域系统的产业集群并不必然是逐阶段顺序演进的过程，有可能出现停滞或跨越；区域系统产业集群有可能同时出现资源驱动、投资驱动、创新驱动、环境驱动和财富驱动的集聚现象，且以某一种产业集群方式为核心驱动力。

在区域系统产业集群的初级阶段，区域系统基于相对丰富的自然资源禀赋而形成资源初级产品采掘和加工为主的产业模式，是典型的资源驱动型产业集群，依靠不可再生资源维持增长是不可长久的，该种增长方式必然经历转折点，资本及其积累水平在经济增长中开始成为至为重要的要素，即进入投资驱动型产业集群阶段；由于资本报酬递减规律的作用，资本积累并不能无限地保持经济增长，产业集群方式经历第二个转折点，经济增长源泉转向主要依靠技术进步或生产率提高，即进入创新驱动型的产业集群阶段，当前中央政府倡导的发展创新型经济的长期发展战略是在此宏观背景下提出的；上述三种产业集群方式均未全面解决资源利用效率提高、产业发展的投入产出效率提高、产业发展与生态环境的兼容发展三个当前区域经济增长的瓶颈问题，忽略了区域系统多种要素集成对产业集群的引力场吸聚效应；此外，某些区域产业集群并非依次经历五个阶段，可以依据区域系统的独特禀赋实现跨越式发展，进入环境要素驱动型产业集群阶段。

注：① 目标的相对重要性关系为：首要目标 > 主要目标 > 重要目标 符号 > 代表“优先于”的内涵；

② 产业集群的发展不应该超出区域生态承载力，由此必须界定不同产业集群方式的环境水平标准，I 级阈值目标最低、V 级阈值目标最高，依次递进；

③ 目标间的重要性关系是一种相对概念，并非忽略，不同的产业集群驱动方式在多个目标中各有侧重。

	产业产值规模增长	资源利用效率提高	投入产出效率提高	生态环境水平改善
资源驱动	首要目标	主要目标	重要目标	I 级阈值目标
投资驱动	首要目标	重要目标	主要目标	II 级阈值目标
创新驱动	重要目标	主要目标	首要目标	III级阈值目标
财富驱动	重要目标	主要目标	首要目标	IV级阈值目标
环境驱动	主要目标	重要目标	首要目标	V 级阈值目标

图 2-11　区域系统产业集群的动力源泉与增长效应

Fig. 2-11　Driving source and growth's effection of regional industrial cluster

2.3 本章小结

国有林区系统发展的脆弱性是国有林区系统内部非协调发展所体现出来的特性，在国有林区系统发展的基础上，由于内外部因素的影响，在不断破坏区域系统的稳态机制和增加不稳定性，这是国有林区系统在发展中副作用的量变，如果任其发展，累积到质变时，将致使国有林区系统彻底崩溃。本小节首先提出植入生态环境要素的区域可持续发展理念，界定国有林区企业、产业和区域生态位的内涵并分析三者间的内在关联性，剖析基于生态位进化的国有林区可持续发展系统脆弱性。

3

国有林区区域可持续发展的系统脆弱性分析与主因定位

3.1 国有林区区域生态位进化过程的系统脆弱性分析

3.1.1 国有林区区域生态位进化的演进序列

依据前文的阐述，国有林区区域可持续发展的演进序列即是国有林区区域生态位的进化过程，是国有林区对所处环境的主动的、有方向的适应，是国有林区在环境中的"变异－检验－保留与传衍"的过程，国有林区发展模式的改变以及环境相应的"挑剔"反应形成了区域系统生态位的演进序列，是国有林区由低阶生态位向高阶生态位跃迁的能力；结合图 3-1 开展分析，即区域系统内技术进步、资金资本、智力资本、行政管控等各类要素再博弈、再整合而形成的全新关联关系，驱动国有林区经济增长与生态环境进入更为良性、更具可持续性的共生协调发展状态。

注：图中的散点表示不同区域系统$\triangle Y$与$\triangle E$的组合关系，α表示该种组合关系在图示坐标轴中的斜率，但并非实际的因果线性关系；事实上，$\triangle Y$与$\triangle E$均受到复杂的多维因素影响，这部分内容并非本书的研究重点。

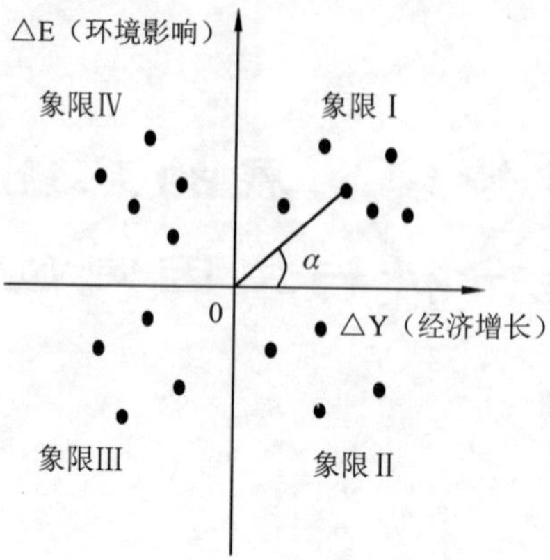

△Y：经济增长水平；△E：由△Y引发的环境影响程度；

象限Ⅰ：△$E>0$，△$Y>0$，经济增长与环境影响为同向正增长关系；

象限Ⅱ：△$E<0$，△$Y>0$，经济增长为正向增长，环境影响为负向增长；

象限Ⅲ：△$E<0$，△$Y<0$，经济增长与环境影响为同向负增长关系；

象限Ⅳ：△$E>0$，△$Y<0$，经济增长为正向增长，环境影响为负向增长

注：图中的散点表示不同区域系统△Y与△E的组合关系，α表示该种组合关系在图示坐标轴中的斜率，但并非实际的因果线性关系；事实上，△Y与△E均受到复杂的多维因素影响，这部分内容并非本书的研究重点。

图 3-1　经济增长与环境影响之间的互动分析示意图

Fig. 3-1　Interactive analysis's figure of economic growth and environment

国有林区区域生态位的进化是个复杂的过程，就像生物体具有吸收、消化、排泄、神经等子系统一样，区域系统演化过程也包含一整套从消化吸收到产出的整个过程。国有林区生态位的进化是内部、外部各种要素的有机结合，是一个"耗散结构"。国有林区生态位进化与生态位要素之间具有一种循环催化的关系，演化是一个区域生态位各要素的连续性博弈、整合和区域生态位间断性跃迁的过程，是国有林区区域生态位要素相互协调演进的过程。随着时序的演进，国有林区需要进行生态位的跃迁，否则就会出现区域系统运行与环境容量的严重不兼容，背离可持续发展方向。在此意义上，国有林区区域生态位是一个阶段性变量，具有跳跃演化的特性，所处生态位层级越高，其所需要的生态位空间范围也就越大，否则无法维持在该区域生态位层面上的存在。纵观我国国有林区区域系统的发展历史和可预见的未来发展模式，可以划分为三个主要的区域生态位层级。

注：A→B：第Ⅰ层级生态位；B→C：第Ⅱ层级生态位；C→：第Ⅲ层级生态位

（a）区域生态位进化的三维结构　（b）区域生态位进化曲线某个时

点的剖面分析图

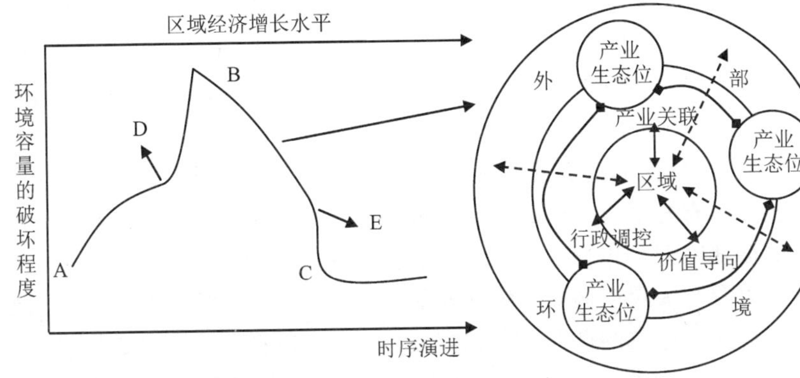

注：A→B：第 I 层级生态位；B→C：第 II 层级生态位；C→：第 III 层级生态位

(a) 区域生态位进化的三维结构 (b) 区域生态位进化曲线某个时点的剖面分析图

图 3-2 国有林区区域生态位进化的序列演进示意图

Fig. 3-2 Sequential evoluating sketch map of national forest area's regional ecological niche

(1)国有林区的粗放式发展阶段。在此时期，国有林区以资源高投入、产值高增长、污染高排放的发展模式为推动，奠定了初步的产业基础。区域 GDP 增长速度先扬(结合图 3-2，AD 段增幅明显，GDP 增长速度快于环境容量破坏速度、但仍远低于发达地区 GDP 增长幅度；结合图 3-1，$\triangle E<0$，$\triangle Y>0$，且 $|\triangle Y|>|\triangle E|$)后抑(DB 段增幅放缓，环境容量破坏速度明显快于 GDP 增长速度；$\triangle E<0$，$\triangle Y>0$，且 $|\triangle Y|<|\triangle E|$)，带来了对生态环境累积式恶劣破坏，环境容量持续萎缩、濒临阈值，粗放式增长难以为继，与发达地区的经济增长规模和发展效率差异巨大，经济发展水平的"马太效应"显著，第 I 级层级区域生态位出现了高危状态，向第 II 层级区域生态位的跃迁成为国有林区区域系统延续的必由之路。

(2)国有林区的过渡式发展阶段。在此时期，国有林区为缓解粗放式区域经济发展模式与环境容量之间出现的尖锐矛盾，必须从宏观上调整产业组织、产业结构和产业技术，驱动区域产业群落生态位的重组、有组织地整合产业链，螺旋式上升进而形成区域系统兼顾生态、节能减排的过渡式经济增长，第 II 层级区域生态位是当前我国国有林区所处的实际生态位；在此阶段，必须保障国有林区对更大尺度区域系统提供经济政治功能和生态辐射效益，甚至适当放缓国有林区区域经济增长速度(结合图 3-2，EC 段甚至出现负增长——以绿色 GDP 核算方式获得的计量结果；结合图 3-1，此时$\triangle E>0$，$\triangle Y<0$)，实现生态环境容量的恢复。

(3)国有林区的低碳式发展阶段。在此时期，仿照生物圈的新陈代谢功能，国有林区再造区域系统能量交换、物质交换、多级利用、自给自足的循环网链，包括区域系统内部多产业、多企业、多部门的内部循环网络以及与大尺度区域系统的外部循环网络两个层位；在该阶段，通过产业群落生态位的良性整合和重组，实现在较低环境容量破坏水平上(结合图 3-2，拐点 C 以后的曲线部分，环境容量破坏力≤环境容量恢复力，同时维持区域 GDP 增长和居民社会保障水平提升，结合图 3-1，此时$\triangle E>0$且$\triangle Y>0$)，逐步缩减同发达地区的差距，改变二元经济结构，进化至第 III 层级区域生态位是国有林区达成可持续发展目标的实践路径。

3.1.2 国有林区区域生态位进化的系统脆弱性维度结构

国有林区区域可持续发展过程(即国有林区区域生态位进化过程)需要多视角、多维度地分析各类脆弱性要素，其系统脆弱性具有多维度分析特征。

(1)国有林区区域生态位进化系统脆弱性的资源效率维度。资源禀赋是国有林区区域生态位进化的基本要素，是其赖以生存和发展的基础，资源获得能力与利用效率的差异决定着区域生态位的宽窄，对区域系统向更高层级生态位进化能力提升的影响重大。结合第 II 阶层区域生态位的特点可知，区域系统在过渡式增长时期，资源瓶颈日益严重、环境容量逐步缩小，资源可获能力受到限制，提高资源的利用效率是增加区域生态位宽度、快速突破环境库兹涅兹倒 U 型曲线拐点的现实途径。研究国有林区区域生态位进化过程的资源利用效率脆弱性，需要将环境容量成本植入区域生态位进化过程的系统脆弱性分析，区域系统的运行需要体现出“减量化”、“再利用”、“资源化”的 3R 效应，重点考核国有林区区域系统运行需要承载的生态环境成本。

(2)国有林区区域生态位进化系统脆弱性的适应整合维度。国有林区区域生态位进化离不开特定的资源环境、产业环境、生态环境、行政环境和社会环境，由第 II 层级向第 III 层级区域生态位的进化过程中，需要关注区域系统内主导产业群对环境容量(尤其是生态环境容量)的影响。国有林区对脆弱性因素的敏感性和突变性产生积极反馈效应，内部和外部驱动因素发生变动必然引致相对响应；国有林区区域生态位进化需要通过宏观调控主导产业集群的组织方式、关联结构和生产技术，驱动自然资源、资本资源和人力资源良性博弈和高效整合。国有林区区域生态位进化到某一层级后，具备高效的整合能力才能保障区域生态位“态”的稳定，避免出现退化现象，并为进阶更高层位的区域生态位积聚能量。

(3)国有林区区域生态位进化系统脆弱性的递进过程维度。国有林区区域生态位进化需要经历一个“调整－检验－保留与传衍”的过程，在低阶区域生态位和高阶区域生态位之间多个连续性亚生态位层级的螺旋式上升和进化；从第 II 阶层向第 III 阶层区域生态位进化过程中，由多个明确的阶段性进化子目标导向形成的亚生态位层次构成的，需要对进化过程主要子目标的实现程度进行监测和调控，动态地、前瞻性地考核区域生态位连续性进化过程的系统脆弱度。国有林区区域系统由最初因过度开采自然资源产生生态环境脆弱性(低阶脆弱性)恶性演变为生态环境恢复、区域经济增长和社会稳定发展之间的严重失衡(高阶脆弱性)，脆弱性因素的敏感度和突变性逐步增大且伴随更多、更复杂的脆弱性因素衍生；国有林区区域生态位的进化，应该由国家层级的管理机构制定不同地区、不同类型区域的生态位进化标准体系。

3.1.3 国有林区区域生态位进化的系统脆弱性分析指标

林业生产活动，既受自然规律的制约，又受经济和社会规律的制约，即经济、社会子系统对森林生态子系统存在反馈作用。森林资源是国有林区生产、生活及其他活动的主体性资源和赖以运行的基础，这决定了以其为基础或受其影响而形成的林区经济、生态和社会子系统及由其所耦合形成的复合系统具有明显的特殊性。认识其特殊性及三个子系统间的共生耦合关系，有助于更好地分析和评价国有林区经济、生态、社会子系统发展的脆弱性[121]。根据国有林区发展的特殊性，指标体系的构建原则以及赵国杰与冯振环等学者的研究成果[93,94]，可以设置表

3-1 中所示的分析指标。

表 3-1 国有林区区域生态位进化的系统脆弱性分析指标

Tab. 3-1 Systemic vulnerability's analytical indexes of sustainable development of national forest area(指标出处)

分析层面	分析指标	指标性质
生态子系统	林业经营活动减少活立木蓄积占总蓄积比率(%)	反向指标
	森林覆盖率(%)	正向指标
	水土保持率(%)	正向指标
	封山育林面积占森林总面积比例(%)	正向指标
	每平方公里土地涵养水源量(万立方米/平方公里)	正向指标
	空气达标指数(%)	正向指标
	森林蓄积量增长率(%)	正向指标
经济子系统	地区人均 GDP[元/(人·年)]	正向指标
	万元产值木材消耗量[立方米/(万元·年)]	反向指标
	万元 GDP 工业废气排放量[吨/(万元·年)]	反向指标
	万元工业增加值用水量[吨/(万元·年)]	反向指标
	万元工业总产值的未达标废水排放量[吨/(万元·年)]	反向指标
	万元工业总产值未利用固体废物排放量[吨/(万元·年)]	反向指标
	单位国内生产总值能耗[吨标准煤/(万元·年)]	反向指标
	林业在岗职工人均林业产值[元/(人·年)]	正向指标
	非林产值占地区总产值比重(%)	正向指标
社会子系统	恩格尔系数(%)	反向指标
	城镇居民人均可支配收入的购买力系数	正向指标
	失业率(%)	反向指标
	城镇化水平(%)	正向指标
	城镇居民人均社会保障、福利和卫生保健费用成本(元/人)	正向指标
	城镇人均年度教育经费购买力系数(1979 年为基准)	正向指标

3.1.4 国有林区区域生态位进化系统脆弱性的测评模型建立

尽管表 3-1 中的每个评价指标着重于考核国有林区区域系统脆弱性

的某个方面，但部分指标间仍旧存在较强相关性；由于存在较多指标，因此如果使用一般的综合分析方法，往往会出现因部分非关键性指标数值异常而造成评价“失效”的现象。针对此问题，本书使用因子分析方法来挖掘关键性指标，将繁复的指标体系凝练为几个具有实际经济含义的综合变量以开展有效分析和评价。

(1)因子分析方法的基本原理。因子分析是通过研究相关矩阵或协方差矩阵内部依存关系，将多个变量 X_1，X_2，…，X_p(可以观测的随机变量)综合为少数几个因子 F_1，F_2，…，F_m(不可观测的潜在变量)，以再现指标与因子之间的相关关系。

(2)原始数据进行标准化变换。

①指标的趋同化处理方法。对不同类型指标要进行趋同化处理，即将逆向指标和适度指标转化为正向指标，这个过程也称为指标正向化。

②指标无量纲化处理方法。通过一定的数学变换来消除指标量纲影响，把性质、量纲各异的指标转化为可以进行综合的一个相对数量化数值。

(3)求解相关矩阵或者协方差矩阵 R 的特征值和特征向量。通过标准特征方程 $|R-\lambda I|=0$ 求出相关矩阵或者协方差矩阵 R 的特征向量矩阵 A 和特征值 $\lambda_1 \geqslant \lambda_2 \geqslant \cdots \geqslant \lambda_p$，$p \geqslant 0$，并使 $F=A'X$，其中 F 为主因子矩阵。

(4)建立因子模型，并估计有关参数。在因子分析中，一般将 A、F 分解为两个部分：

$$A=[\overset{pm}{A1},\ \overset{p(p-m)}{A2}],\ m<p \tag{3-1}$$

$$F=[\overset{pm}{F1},\ \overset{p(p-m)}{F2}],\ m<p \tag{3-2}$$

则因子模型为：$X=AF=A_1F_1+A_2F_2=A_1F_1+\varepsilon$，其中 X 为综合评价指标体系中 p 个指标(可以观测)构成的列向量，A_1 为因子载荷矩阵，F_1 为 m 个因子构成的不可观测向量，ε 为特殊因子，因子模型可以具体写成公式(3-3)。

$$\begin{aligned} X_1 &= a_{11}+a_{12}f_1+\cdots+a_{1m}f_m+a_1\varepsilon_1 \\ X_2 &= a_{21}f_1+a_{22}f_2+\cdots+a_{2m}f_m+a_2\varepsilon_2 \\ &\cdots\cdots \\ X_p &= a_{p1}f_1+a_{p2}f_2+\cdots a_{pm}f_m+a_p\varepsilon_p \end{aligned} \tag{3-3}$$

式中：f_1，f_2，…，f_m——主因子；

a_{ij}——因子载荷系数；

ε_i——特殊因子，实际建模中可以忽略。

(5)确定因子贡献率及累计贡献率。第 j 个因子的贡献率为 d_j，表示该公共因子反映原始指标的信息量，累计贡献率表示相应几个公共因子累计反映原始指标的信息量，选择累计贡献率≥85%的因子个数作为主因子个数。

(6)因子载荷矩阵变换。因子模型矩阵得到的初始因子载荷矩阵，如果因子负荷的大小相差不大，要对因子载荷矩阵进行旋转。通过旋转坐标轴，使每个因子负荷在新的坐标系中能按照列向 0 或 1 两极分化，或者按行向两极分化。

(7)构造综合评价模型，计算综合评分。通过旋转和计算，得到新的较为理想的因子载荷矩阵 A_1 和因子得分系数矩阵 B。综合评价模型为：

$$Score = \sum_{j=1}^{m} d_j f_j = \sum_{j=1}^{m} \sum_{j=1}^{p} d_j b_{ij} x_i \tag{3-4}$$

式中：d_j——因子贡献率；

f_j——因子得分；

b_{ij}——因子得分系数，由转换后的因子载荷 A_1 求逆得到；

x_i——已经标准化的指标值。

3.2 国有林区区域生态位进化的系统脆弱性主因定位

3.2.1 国有林区区域生态位进化系统脆弱性的驱动因素分类

新中国成立以来，国有林区为追求单纯的生产目标而过度采伐，严重弱化了森林资源的生态服务功能，处于生态效益辐射带的区域系统呈现出高度的脆弱性、逐步恶化的“蝴蝶效应”明显[122]，挖掘引发恶化循环的动力翅膀并中止生态恶化“多米诺效应”的惯性，是事关人类生存空间可持续性的重要课题。《林业发展“十一五”和中长期规划》中提出了国有林区发展的主要任务[123]，其中恢复森林生态与重构国有林区产业体系是相辅相成、协同推进的两个进程。然而，国有林区短时期内无法仿照西方发达国家，将林业发展的侧重点完全转移到森林生态效益保障层面或实现循环型森工生产模式[124]。鉴于国有林区处于人力资源水平低下、资金资本短缺、技术能力匮乏和区域外支持因子恒定且极其有限的困境，定位林产工业作为国有林区发展的核心脆弱性驱动因素——引发生态恶化"蝴蝶效应"的动力翅膀，利用林产工业对国有林区其他相关影响因子的传导机制、制定优化调整方案，切实降低国有林区发展脆弱性是具有很强时效性和实践性的。

从系统的、综合的观点分析，国有林区由资源投入型、环境保障型、宏观引导型和关联动力型四类驱动因素构成，通过相关基础要素的有机组合以及与复合系统和外部区域不断交换物质、信息和能量，形成了极具计划经济特征的国有林区经济子系统、林木采伐和生态建设并行的森林生态子系统、政企功能重合且错位背景下建设形成的社会子系统。国有林区经常受到内部和外部多种脆弱性因素的扰动，驱动复合系统进入脆弱状态；挖掘国有林区发展脆弱性的驱动因素，对于复合系统稳定运行或者向更高层位进阶意义重大；从来源、性质和作用机理入手，可以将国有林区发展脆弱性因素划分为内生驱动和外生驱动两大类别。

3.2.2 国有林区区域生态位进化系统脆弱性的内生驱动因素

(1)森林资源禀赋。随着各级政府、民众对森林生态效益的重视，木材产量的增长幅度得到了有效控制(表 3-2)，在 2001～2008 年期间，年度平均增长量仅为 4.03%，个别年份的木材采伐量出现负增长，粗放式增长方式难以为继，致使林业经济增长在林木资源层面上呈现出脆弱性。

表 3-2 2001～2008 年度国有林区木材采伐量及增长率列表

Tab. 3-2 Timber fall and growth rate of national forest area from 2001 to 2008

年份	2001	2002	2003	2004	2005	2006	2007	2008
采伐量(万立方米)	1046.47	848.04	965.15	1152.29	1027.89	1192.42	1314.79	1435.43
增长率(%)	−15.87	−18.96	13.81	19.39	−10.80	16.01	10.26	9.18

(2)资本积累。有限的资本积累和国家政府侧重于森林生态恢复的建设资金投入(表 3-3)，难以保障经济增长方式转型和产业结构优化调整，2001～2008 年期间，自筹资金年度增长率和占比的平均值仅为 12.01%和 10.34%，匮乏的资本资源致使国有林区经济运行、生态恢复和社会保障均出现脆弱性。

表 3-3 2001～2008 年度国有林区林业建设资金情况列表

Tab. 3-3 Forest constructing funds of national forest area from 2001 to 2008

年份	2001	2002	2003	2004	2005	2006	2007	2008
林业建设资金合计(亿元)	257.59	371.84	471.34	510.29	553.76	631.03	793.68	967.50
国有林区自筹资金(亿元)	37.68	41.26	52.84	60.28	52.43	65.45	67.78	93.36
自筹资金增长幅度(%)	6.87	9.50	28.07	14.08	−13.02	24.83	3.56	37.74
自筹资金占比(%)	14.63	11.10	11.21	11.81	9.47	10.37	8.54	9.65

(3)人力资源基础。国有林区缺乏对人才工资福利保障和软硬件配套设施提供(表 3-4)；参照全国工业普查资料，国有林区专门技术人员占职工人数比例始终低于 10%，2008 年仅为 7.17%，远低于发达国家 30%以上的水平；高素质人力资源的匮乏制约了林区产业系统优化调整和经济增长方式的转型升级。

表 3-4 2001～2008 年度国有林区科技人员年度工资情况列表

Tab. 3-4 Annual wage of scientific and technological personal from 2001 to 2008

年份	2001	2002	2003	2004	2005	2006	2007	2008
国有林区科技人员工资[元/(人·年)]	11675	13389	15517	17046	18593	20305	26485	29422
全国科技人员平均工资[元/(人·年)]	16437	19113	20636	23593	27434	31644	38975	43597
差额百分比(%)	40.79	42.75	32.99	38.41	47.55	55.84	47.16	48.18

(4)林产工业系统。林产工业支撑国有林区经济增长、社会保障、居民就业等多项功能，呈现出 19.18%的平均增长率，占比工业产值的 70%以上(表 3-5)；近年来，国家政府关注森林生态功能的恢复，多项生态工程正在实施且逐步控制森林采伐量，为保障林产工业延续和高速增长，必须解决林产工业系统结构失调和运行低效导致的国有林区经

济、生态和社会子系统发展脆弱性。

表 3-5 2001～2008 年度国有林区林业总产值及增长率列表

Tab. 3-5 Gross output and growth rate of national forest area from 2001 to 2008

年份	2001	2002	2003	2004	2005	2006	2007	2008
林业总产值(万元)	4090.5	4634.2	5860.3	6892.3	8458.7	10107.2	11870.9	14406.4
增长率(%)	15.04	13.29	26.46	17.61	22.73	19.49	17.45	21.36

(5)科学技术水平。国有林区长期忽视自主研发，技术储备严重不足、引入技术十分有限且缺乏后续革新；截至 2007 年，科技进步对林业经济增长的贡献率目前仅为 30.3%，低于农业 42%、全国 38%和发达国家 70%～80%的平均水平，林业科技成果转化率仅为 34%，林业科技投入占林业总产值的比重不足 1.2%，对于推动林产工业结构优化升级、构造循环型林产工业体系或者发展接续替代产业存在技术断层。

(6)生态辐射效应。森林生态效益存在精确核算的技术难题和合理补偿的财政难题，国有林区难以依靠提供具有公益性和外部性的森林生态产品实现经济增长；此外，粗放型的经济增长方式和对生态环境建设的忽视，致使国有林区在工业废气废水排放、居民生活垃圾处理、污染处理设施先进水平和数量等指标上均较低，即便是边污染边治理的效果也较差，更勿论实现循环经济和产业生态化。

(7)社会环境保障。国有林区在社会基本保险覆盖率、犯罪率、失业率、上访诉讼率、人均工资福利等方面矛盾较为尖锐(表 3-6)，影响了社会子系统发展的稳定性，未能给经济子系统提供稳定的支撑环境；同时，由于社会保障体系不健全以及文化教育氛围的缺失，致使违法砍伐森林资源的情况屡禁不止，在一定程度上影响了森林生态的恢复。

表 3-6 2001～2008 年度国有林区失业率与平均工资水平

Tab. 3-6 Unemployment rate and average wage of national forest area from 2001 to 2008

年份	2001	2002	2003	2004	2005	2006	2007	2008
国有林区在册失业率(%)	4.93	5.37	5.98	5.78	5.47	5.01	4.30	6.97
全国城镇登记失业率(%)	3.60	4.00	4.30	4.20	4.20	4.10	4.05	4.20
国有林区职工工资[元/(人·年)]	6389	7116	7790	8563	9326	10701	13563	15701
全国职工平均工资[元/(人·年)]	10870	12422	14040	16024	18364	21001	24387	29229

(8)基础设施条件。“大企业、小政府”的格局使得具备行政职能的林区政府无法调动足够的人力、财力和物力完善基础设施建设。国有林区在交通网络覆盖面、人均信息资源拥有量、人均水电资源供应量、万人拥有手机/电话人数、万人拥有医院床位数、适龄学生入学率等指标上明显低于全国平均水平，国有林区社会基础设施的支撑能力薄弱。

(9)政府行政效率。在电子政府建设、执法公正性、公民服务响应、行政廉洁监督等方面存在明显欠缺，低下的行政效率严重制约国有林区内经济、生态、社会发展和调整政策的出台及实施，出台政策的执行力和有效性较差，这种政企难分、效率较低的行政现状致使国有林区复合系统发展一旦出现脆弱性，则优化调整方案的响应时间和调控效果均不佳。

3.2.3　国有林区区域生态位进化系统脆弱性的外生驱动因素

(1)外部资本投入。国有林区经济结构的单一性、资源使用的专有性、经济体制的排他性，有碍于吸引区域外巨额资本的投入(表 3-7)；因此，从外部资本驱动国有林区复合系统发展的层面来看，存在缺陷和脆弱性。

表 3-7　2001～2008 年度国有林区利用区域外资金情况列表

Tab. 3-7　Utillizing external funds of national forest area from 2001 to 2008

年份	2001	2002	2003	2004	2005	2006	2007	2008
林业建设资金合计(亿元)	257.59	371.84	471.34	510.29	553.76	631.03	793.68	967.50
利用区域外资金合计(亿元)	25.89	29.57	43.00	40.94	52.47	63.27	85.21	113.49
利用区域外资金占比(%)	10.05	7.95	9.12	8.02	9.48	10.03	10.74	11.73

(2)国家生态补贴。有限的国家生态补偿资金无法激励森林生态恢复工作的主观能动性，国家政府更加关注林业生产和森林生态恢复，投资于基础设施建设和经济转型的资金十分有限(表 3-8)，在获得充足合理的生态补偿、基础建设和经济转型资金层面存在脆弱性。

表 3-8　2001～2008 年度国有林区生态建设、基础建设和经济转型资金情况列表

Tab. 3-8　Econological construction, fundmental construction and economic transformation's funds of national forest area from 2001 to 2008

年份	2001	2002	2003	2004	2005	2006	2007	2008
林业建设国家预算资金(亿元)	173.21	278.52	346.82	375.81	415.30	449.11	522.46	660.72
国有林区生态建设资金(亿元)	132.59	238.16	295.70	306.32	336.74	349.45	387.86	459.82
国有林区生态建设资金占比(%)	76.55	85.51	85.26	81.51	81.08	77.81	74.24	69.60
基础建设和经济转型资金(亿元)	40.62	40.36	51.12	69.49	78.56	99.66	134.6	200.9
基础建设和经济转型资金占比(%)	23.45	14.49	14.74	18.49	18.92	22.19	25.76	30.40

(3)宏观政策导引。近年来国家政府陆续出台了封山育林、三北防护林、天保工程、林权改革等系列定位于森林生态恢复和林业经济体制改革的调整政策，对于生态环境恢复和林业经济转型给予显著地推动作用。然而，有限的生态工程资金投入，相对于国有林区森林生态恢复和居民因采伐量调减而失去生活收入保障所需要的巨额资金相比不啻杯水车薪，而且此种依靠国家补贴维系区域生态重建和居民生活开支也非长远之策。

(4)区际产业转移。从国有林区的实际情况分析，一方面林区交通运输、电力通信、信息网络、医疗教育等基础设施条件较差，科学技术储备和自主研发能力薄弱、人力资源素质较低，另一方面国家政府和林区政府投放于林区基础设施建设和林业经济转型的资金较少、扶持政策的实效性十分有限，从域外引入非林业接续替代产业的能力薄弱，非林产业产值的比重始终未能超过 30%，通过产业转移促进经济增长、继而降低国有林区发展脆弱性方案的可行性较低。

(5)区位功能定位。国有林区通常远离政治和经济中心地带，由于基础设施条件的落后，较少的被定位为区域交通枢纽或贸易港口；鉴于具有丰富的森林资源，国家政府确立了国有林区提供森林生态服务和作为木材加工基地的功能定位，在完善的生态补偿机制和合理的木材价格核算体系建立以前，难以通过发挥区位功能引导域外资本、人力、物质资源的涌入或者争取政策扶持，继而实现优先占有和使用高质量的“稀缺”资源并形成难以模仿的核心竞争力。

3.2.4　国有林区区域生态位进化系统脆弱性的核心驱动因素

国有林区复合系统发展脆弱性的 9 个内部驱动因素和 5 个外部驱动因素，首先作用于经济子系统，通过经济子系统的传导机制和放大效应作用于生态子系统、社会子系统，继而导引着整个国有林区的发展趋势和脆弱性高低；依据各个脆弱性驱动因素的本质特征和驱动机理，可以将 14 个脆弱性驱动因素做出进一步功能分析(表 3-9)，四类脆弱性驱动因素的互动作用关系如图 3-3。

国有林区产业构成较为单一，依靠对森林资源的开采和利用形成了较为完整的林产工业体系；近年来，国家政府和国有林区政府为恢复森林资源生态，逐步调减林木采伐量、培育和发展接续替代产业。然而，从国民经济和国有林区的实践出发，在较长一段时间内林产工业仍然是国有林区的支柱和主导产业。

首先，林产工业系统作为国民经济体系中的基础资源型产业，与农业、制造业、旅游业系统内众多产业存在很强的技术关联性，在替代性合成材料实现规模生产、技术匹配、成本下降前，林产工业的基础性和重要性毋庸置疑。

表 3-9　国有林区发展脆弱性驱动因素的功能分类

Tab. 3-9　Function classification of developmental vulnerability's driving factors

分类方法	驱动因素	功能分析
要素投入型	森林资源禀赋 资本资源积累 人力资源基础 科学技术水平	维系国有林区经济子系统发展的资源基础，传导机制和作用机理不尽相同，从不同角度制约着经济子系统运行的稳定性，驱动因素扰动和缺失均会制约经济子系统内相关产业群可持续性和发展潜力高低
环境保障型	生态辐射效应 基础设施条件 社会保障环境 政府行政效率	维系国有林区经济子系统发展的环境保障，从行政支持、社会稳定、生态环境、基础设施等层面影响着经济子系统运行稳定性和运行效率，驱动因素扰动和缺失会致使经济子系统内相关产业群的成长环境恶化

（续）

分类方法	驱动因素	功能分析
宏观导引型	外部资本投入 国家生态补贴 宏观政策导引 区际产业转移 区位功能定位	导引国有林区经济子系统发展的外部条件，从资本投入、生态补偿、宏观政策、产业转移、区位特性等层面影响着经济子系统的发展方向，驱动因素的变动为经济子系统内相关产业群的发展创造机遇或挤压空间
关联动力型	林产工业系统	驱动经济子系统的核心动力，与要素投入型、环境保障型、宏观导引型驱动因素关联性强，三类驱动因素均以关联动力型因素为中间变量形成动力传导机制，制约经济子系统运行效率、继而影响复合系统发展脆弱性

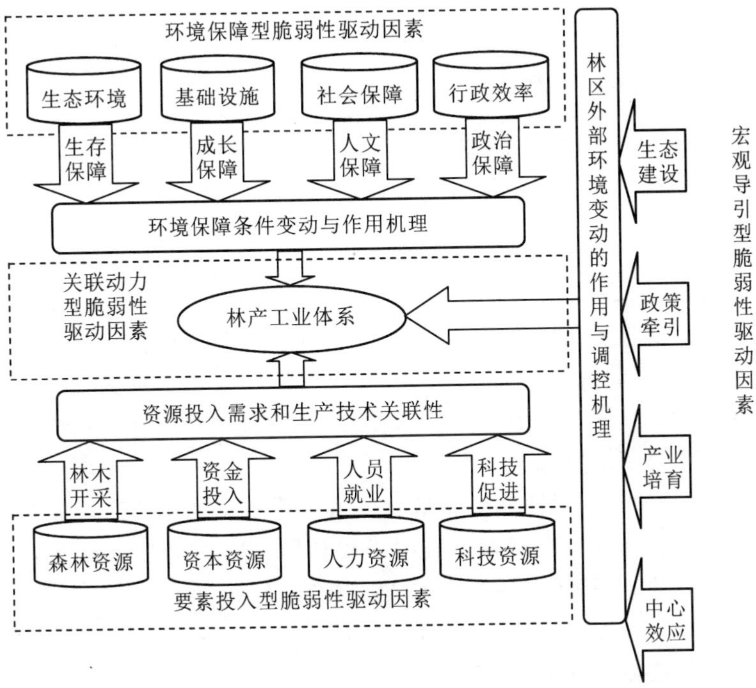

图 3-3 四类脆弱性驱动因素的互动作用关系结构分析图

Fig. 3-3 Interactive function's structural analytical figure of four kinds of vulnerability's driving factors

其次，国有林区为周边区域的经济发展承担了成本，在完善的生态补偿机制建立并高效运行前，国有林区难以获得合理的经济补偿，仅仅依靠国家和区域政府有限的林业投资和补助难以实现国有林区的经济发展和居民富裕，致使国有林区长期处于经济落后、居民贫困的境地；因此，实现国有林区林业经济的高速和稳定发展是具有必要性和现实性的。

最后，接续替代性主导产业的培育和发展需要具备良好的基础条件，国有林区无论技术资源、人力素质、资本资源、社会人文、地理区位均无相对优势，甚至处于极度匮乏的状态，在无法获得国家和较高级别区域政府及于长期巨额的林业投资和政策扶持的情况下，国有林区在一段时期内仍然要以林产工业体系为支柱产业系统，如何保障林产工业高速稳定地发展，协调林业经济、森林生态和社会文化间的关系具有很强的现实性和必要性。

综上所述，林产工业作为国有林区复合系统发展脆弱性核心内生驱动要素是依据国家政府、周边区域和国有林区现实基础多重衡量后的定位。

3.2.5　林产工业对国有林区区域系统脆弱性的驱动效应分析指标

测度基于林产工业内生驱动的国有林区经济、生态、社会各个层面发展的脆弱性，对于以林产工业为着力点、借助林产工业核心驱动要素与国有林区其他各驱动要素的关联动力机制、制定能够切实有效降解国有林区发展脆弱性的优化调整方案，提供一套科学的、可实践的测度指标和评价方法是必不可少的分析步骤，林产工业对国有林区系统脆弱性的驱动效应分析准则包括若下几个方面：

(1)系统性和针对性原则。指标体系主要考核林业生产对森林生态效益的影响、林业生产对森林资源采伐利用的“3R”效应、产业运行对居民生活的社会保障性等层面，设置的指标要科学具体、关联性强、突出针对性和专用性，增强不同年度内林产工业内生驱动的国有林区发展脆弱性测评指数的可比性。

(2)操作性和精炼性原则。国有林区复合系统构成复杂，考核所有的影响因素必然造成指标体系臃肿庞大且因严重缺乏数据而无法操作，在保障评价指标系统性和针对性的前提下，注重指标数据来源的可获性和可靠性，指标体系需要突出精炼性和可操作性。

(3)敏感性和逻辑性原则。基于林产工业运行对国有林区经济、生态、社会子系统发展脆弱性的关联驱动作用机制，需要科学准确地反映出林产工业的驱动效应；依据指标数据的变动，可以动态地、前瞻性地测度国有林区经济增长、社会保障、森林生态的可持续性，指标体系突出敏感性和逻辑性。

依据林产工业内生驱动的国有林区发展脆弱性分析指标设置的基本原则，参考 Colin Polsky，Rob Neff 以及王雄等学者的研究成果[89,121]，可以设置具体的分析指标见表 3-10，以指标数据变动为指向标，科学地测度林产工业对国有林区经济、生态、社会子系统发展脆弱性的影响。

表 3-10 林产工业内生驱动的国有林区发展脆弱性测评指标

Tab. 3-10 Measuring indexes of national forest area's developmental vulnerability inner－driven by forest industry

考核层面	具体评价指标	参照标准
生态层面	林业经营活动减少活立木蓄积占总蓄积的比例(%)	全国林区①(1999、2003、2007)
	林产工业年度木材消耗量与新造用材林面积配比(立方米/公顷)	全国林区(1999、2003、2007)
	单位林业产值减少森林资源生物多样性价值(万元/万元)	全国林区(1999、2003、2007)
	单位林业产值减少森林资源固碳制氧价值(万元/万元)	全国林区(1999、2003、2007)
	单位林业产值减少森林资源保育土壤价值(万元/万元)	全国林区(1999、2003、2007)
	单位林业产值减少森林资源涵养水源价值(万元/万元)	全国林区(1999、2003、2007)
	单位林业产值减少森林资源净化环境价值(万元/万元)	全国林区(1999、2003、2007)

（续）

考核层面	具体评价指标	参照标准
经济层面	万元产值木材消耗量(立方米/万元)	全国林区(1999、2003、2007)
	林产工业全员劳动生产率(元/人)	全国平均②(1999、2003、2007)
	林产工业单位能源消耗量创造总产值(万元/吨标准煤)	全国平均(1999、2003、2007)
	林产工业的总资产利税率(%)	全国平均(1999、2003、2007)
	林产工业单位工业废气排放量创造总产值(万元/吨)	全国平均(1999、2003、2007)
	林产工业万元总产值未达标工业废水排放量(吨/万元)	全国平均(1999、2003、2007)
	林产工业万元总产值未利用固体废物排放量(吨/万元)	全国平均(1999、2003、2007)
社会层面	林产工业职工人均可支配收入购买力系数	全国平均(1999、2003、2007)
	林产工业职工人均社会保障、福利和卫生保健费用成本(元/人)	全国平均(1999、2003、2007)
	林产工业职工人均年度教育经费成本(元/人)	全国平均(1999、2003、2007)
	林产工业职工的恩格尔系数	全国平均(1999、2003、2007)
	林业区域登记失业率(%)	全国平均(1999、2003、2007)
	林产工业职工人均住房建筑面积(平方米)	全国平均(1999、2003、2007)

注：① 具有显著林区特色的测评指标，以全国林区平均水平为对比标准(选择1999、2003、2007三个年度为分析标尺)；② 具有全国各个区域普适性的测评指标，以全国平均水平为对比标准(选择1999、2003、2007三个年度为分析标尺)。

3.2.6 林产工业对国有林区区域系统脆弱性的驱动效应测评模型

表3-10所示的指标用于测评时，首先需要确定指标的权重，本书首先邀请相关专家使用层次分析法计算指标的主观权重；此后，本书依据分析指标的客观数据，应用Entropy(熵值法)方法计算指标的客观权重，对主观权重进行必要的修正，最终获得的综合权重更加客观。

3.2.6.1 应用熵值法(Entropy)模型确定评价指标权重

(1)熵的含义。信息论的创始人香农(Shannon)把熵概念引入信息论中，作为系统不确定性的量度。当系统处于几种不同状态时，设每种状态出现的概率为 $p_i(i=1, 2, \cdots, n)$时，该系统的熵就为：

$$H=\sum_{i=1}^{n} P_i \times lnP_i \tag{3-5}$$

式中 $0 \leqslant p_i \leqslant 1$，且$\sum p_i = 1$。当所有的 p_i都相等时(即等概率情形)，H 达到最大值，即 $H_{max} = \ln n$。这一性质称为熵的极值性。本书就是利用熵的含义来实现各评价因素指标对评价对象的评价。

(2)具体计算步骤。在有 m 个待评价对象、n 个评价指标的评价问题中，获得林产工业对国有林区区域系统脆弱性的驱动效应指标的决策矩阵如下所示：

$$A=(x_{ij})_{m\times n}=\begin{vmatrix} x_{11}, & x_{12}, & \cdots, & x_{1n} \\ x_{21}, & x_{22}, & \cdots, & x_{2n} \\ \cdots, & \cdots, & \cdots, & \cdots \\ x_{m1}, & x_{m2}, & \cdots, & x_{mn} \end{vmatrix} \tag{3-6}$$

将决策矩阵按照公式(3-7)至公式(3-10)进行规范化处理后得到如公式(3-11)所示的标准化矩阵 R，具体步骤如下所示：

设$\max\limits_{1\leqslant i\leqslant m}(x_{ij})=a_j(i=1, 2, \cdots, m, j=1, 2, \cdots, n)$表示不同分析单元第 j 项指标的最大值，同理有$\min\limits_{1\leqslant i\leqslant m}(x_{ij})=b_j$ 表示不同分析单元第 j 项指标的最小值；$p\in[0, 1]$。

① 效益类(正向)指标，即指标数值越大越好的正指标规范化处理如下：

$$r_{ij}=(x_{ij}-b)(1-p)/(a_j-b_j)+p \tag{3-7}$$

② 成本类(负向)指标，即指标数值越小越好的负指标规范化处理如下：

$$r_{ij}=(a_j-x_{ij})(1-p)/(a_j-b_j)+p \tag{3-8}$$

③ 对于适度类指标，即指标值以稳定在某一固定值为佳时，标准化处理方法如公式(15)所示，其中数值 q 表示该指标的最合适值。

$$r_{ij}=(1-p)/(1+|x_{ij}-q|)+p \tag{3-9}$$

④ 对于区间型指标，即指标值以落入某一个区间为佳时，标准化处理方法处理方法如公式(3-42)所示，其中$[q_2, q_1]$表示该指标的最佳值区间。

$$r_{ij}=1+p-(q_1-x_{ij})(1-p)/(\max(q_1-b_j,\ a_j-q_2)),\ x_{ij}<q_1$$
$$1+p-(x_{ij}-q_2)(1-p)/(\max(q_1-b_j,\ a_j-q_2)),\ x_{ij}>q_2$$
$$1,\ q_1\leqslant x_{ij}\leqslant q_2$$

(3-10)

$$R=(r_{ij})_{m\times n}=\begin{vmatrix} r_{11}, & r_{12}, & \cdots, & r_{1n} \\ r_{21}, & r_{22}, & \cdots, & r_{2n} \\ \cdots, & \cdots, & \cdots, & \cdots \\ r_{m1}, & r_{m2}, & \cdots, & r_{mn} \end{vmatrix} \tag{3-11}$$

式中　$r_{ij}\in[0,1]$，$i=1,2,\cdots,m$；$j=1,2,\cdots,n$。在(m,n)的评价问题中，可以定义第j个评价指标的熵值为：

$$H_j=-k\leqslant\sum_{i=1}^{m}f_{ij}\times lnf_{ij};j=1,2,\cdots,n \tag{3-12}$$

式中　$f_{ij}=r_{ij}/\sum r_{ij}(i=1,2,\cdots,m)$，并假定$f_{ij}=0$时，$f_{ij}\times\ln f_{ij}=0$；则第$j$个指标的熵权$d_j$定义为：

$$d_j=(1-H_j)/(n-\sum_{j=1}^{n}H_j) \tag{3-13}$$

对d_j作归一化处理，获得林业产业系统脆弱性评价指标的标准化权重：

$$w_j=d_j/\sum_{j=1}^{n}d_j(j=1,2,\cdots,n),\sum_{j=1}^{n}w_j=1 \tag{3-14}$$

3.2.6.2　应用Topsis模型测评林产工业对国有林区区域系统脆弱性驱动效应

当结合Entropy方法计算得到的综合权重，并应用Topsis方法对不同分析单元的系统脆弱性进行测评，有利于分析某个年度国有林区因偏离林区经济、生态、社会等层面发展标准所引发的系统脆弱性程度。

(1)Topsis方法的原理。Topsis被称为逼近于理想解的排序方法(Techniquefor Order Preference by Similarity to Ideal Solution)，有时也简称为理想解法。运用TOPSIS法对不同年度区域林业产业系统的脆弱性进行综合评价，其原理就是把每个分析单元的系统脆弱性指标评价值向量与最优解、最劣解作比较，考察它们与最优解、最劣解的距离时，若某个分析单元的系统脆弱性指标评价值向量最接近于最优解同时又最远离最劣解，则被评价为最佳。

(2)Topsis 方法的具体计算步骤。

① 对原始决策矩阵 A 中的指标数据进行规范化处理，包括同向化处理和归一化处理两个部分，参照公式(3－7)至公式(3－10)可以获得规范化决策矩阵 B。

② 由规范化决策矩阵 $B=[x_{ij}]_{m\times n}(i=1, 2, \cdots, m, j=1, 2, \cdots, n)$和标准权重向量 $W=(w_1, w_2, \cdots, w_n)^T$，构建加权规范化决策矩阵如下：

$$Z=B\times W=[z_{ij}]_{m\times n}=[x_{ij}\times w_j]_{m\times n}(i=1, 2, \cdots, m, j=1, 2, \cdots n) \tag{3-15}$$

③ 确定理想解 S^+ 和负理想解 S^- 如下所示：

$$S^+=\{z_j^+ \mid j=1, 2, \cdots n\}=max(z_{ij})(i=1, 2, \cdots, m, j=1, 2, \cdots, n)$$
$$S^-=\{z_j^- \mid j=1, 2, \cdots n\}=min(z_{ij})(i=1, 2, \cdots, m, j=1, 2, \cdots, n) \tag{3-16}$$

④计算评价对象与理想解 S^+ 和负理想解 S^- 的欧式距离如下所示：

$$d_i^+ = [\sum_{j=1}^{n}(z_{ij}-z_j^+)^+]^{1/2}(i=1,2,\cdots,m)$$
$$d_j^- = [\sum_{j=1}^{n}(z_{ij}-z_j^-)^2]^{1/2}(i=1,2,\cdots,m) \tag{3-17}$$

⑤ 分别计算评价对象与理想解的相对接近度，计算公式如下：

$$C=d_i^-/(d_i^+ + d_i^-)(i=1,2,\cdots,m) \tag{3-18}$$

根据综合评价数值 C 的大小对不同年度林产工业对国有林区区域系统脆弱性的驱动效应进行排序，C 数值越大，表明综合评价结果越好，即林产工业对国有林区区域系统脆弱性的驱动效应越小，反之亦反。

3.3　本章小结

国有林区在内部和外部多重因素的驱动下，演进历程中呈现出高度的敏感性和脆弱性。依据国有林区显著特征，本章挖掘国有林区区域生态位进化系统脆弱性的内外部驱动因素，并提出林产工业作为内生核心驱动因素的定位、建立脆弱性测评模型，以林产工业为着力点，结合分布于不同地理区位国有林区的实证数据，分析与测评林产工业内生驱动的国有林区发展脆弱性，进而遵循林产工业运行对国有林区经济、生态、社会子系统发展脆弱性的关联驱动作用机制，制订量化操作、切实可行的优化调整方案。

4

国有林区林产工业可持续发展的系统脆弱性分析

为达成国有林区林产工业的可持续发展目标，国家和地区政府分别制定关于提高能源使用效率、改善空气和水质量的政策，推进工业运行、能源消耗和污染物排放三者的协调发展已成为当务之急。本章以生态位态势理论为指导，界定林产工业生态位的内涵，提出工业生态位的层级划分和工业生态位进化能力的维度结构分析，从纵向和横向两个方面研究国有林区林产工业产值增长、能源消耗和环境容量的效率关系，并测算林产工业运行 CRE 效率指数对不同投入产出指标波动的敏感度系数，继而挖掘制约国有林区林产工业生态进化能力提升的关键性因素，为促进林产工业可持续协调发展和政府部门制定发展战略提供依据。

4.1 林产工业运行与国有林区区域可持续发展

4.1.1 区域系统的工业运行与环境库兹涅茨曲线

新型工业模式，必须定位绿色化、生态化的发展方向。从系统的角度全面理解“工业运行－环境容量”之间的关系，合理地协调两者间的互动作用过程，是适应低碳经济时代、促进工业发展转型升级的重要内容。党的十七大报告提出[125]：“建设生态文明，基本形成节约能源资源和保护生态环境的产业结构、增长方式、消费模式。”的战略发展思想，要在保障社会经济正常、有序运行的前提下，打造高质量集约增长模式，以提高资源利用效率为核心，以节能、节水、节材、节地、资源综合利用、污染减量排放和发展循环经济为重点，目的在于追求更少的资源消耗、更低的环境污染，获得最大的经济效益。

工业升级蕴含着工业技术升级、工业结构升级、工业组织升级等多个层面，究其实质，是工业运行所需自然资源、人力资源和资本资源的再博弈和再整合能力提升，是工业与环境之间的适应与反馈能力的升级。部分学者针对工业系统内不同行业的生态化再造和转型升级开展研究，如造纸业(Helminen，2000；Hua et al.，2007)[126,127]、金属制品业(Agosto & Ribeiro，2004；Kuosmanen & Kortelainen，2005)[128,129]、汽车制造业(Korhonen & Lup tacik，2004)[130]、钢铁行业(戴铁军和陆钟武，2005；Kristina，2005；齐二石，2008)[131~133]、食品饮料业(Maxime et al.，2006)[134]、电力工业(吴育华和甘世雄，2004)[135]、制糖工业(司伟和王秀清，2005)[136]、南京市13个工业行业(赵海霞，2008)[137]、“十五”期间(2001~2005)我国重点调查的41个排污严重的工业行业(王寿兵，2008)[138]等。凝练前人的研究成果，本节依据生态位态势理论，界定、测评国有林区林产工业生态位进化能力，为林产工业的转型升级提供一个新颖的研究视角，为政府部门制定林产工业可持续发展战略提供重要参考依据。

近年来，工业运行的环境效应引起了人们的广泛关注。1991年美国经济学家格鲁斯曼(Grossman)和克鲁格(Krueger)把西蒙·库兹涅茨[139]的“倒U型假说”引入环境污染和经济增长关系的研究，用曲线表示呈倒U型的环境库兹涅茨曲线(Environmental kuznetscurve，EKC)[140~143]。Shafik[102]在1992年的《世界发展报告》中，用EKC对不同国家经济增长和环境质量关系进行对比分析，验证了环境库兹涅茨曲线；此外，发达国家针对多种具体污染物的研究都很好地证实了环境库兹涅茨曲线的存在[144]。目前，我国关于EKC的分析和研究已经展开，如东中西部在全国三废排放量的变化趋势[145]，以及北京、上海、江苏、浙江[146~149]等部分省市的研究；结果表明，我国工业污染物质排放量EKC转折点尚未到达，牺牲环境容量的粗放式工业运行模式，致使我国工业环境库兹涅茨曲线(EKC)的形状甚至呈现出单调递增的三次曲线，部分区域工业系统是向后弯曲的[150~153]；以生态理论为指导思想，融工业运行与环境保护于一体的新型工业化模式，符合“十七大”

生态文明建设的发展战略，有利于打造适应低碳经济的集约式工业增长，重塑工业 EKC 曲线的正“U”发展态势，促进工业 EKC 曲线快速突破拐点，是实现工业运行一环境容量协调可持续发展目标的实践路径。

4.1.2 国有林区林产工业可持续发展的环境背景

国有林区作为国家重要的用材林基地和森林工业基地已经建设发展了 60 余年，奠定了一定的基础。目前虽然处在木材资源短缺、林区经济不景气的状况下。但只要确立了可持续发展的指导思想，采取得力的措施，就会逐步走上人口、资源、环境、经济和社会协调发展的道路。这不仅仅是国有林区自身发展的需要，也是中国林业和世界林业发展的趋势，是国家可持续发展战略的要求。

按照林业可持续发展战略必须服务于中国可持续发展总体战略部署的原则，《中国 21 世纪议程——林业行动计划》提出了相应的林业发展框架目标。到 21 世纪初，重点区域生态环境有明显改善，生态环境建设进入良性发展轨道；林产工业结构明显改善，林业综合经济实力和自我发展能力显著增强；初步建立适应社会主义市场经济发展的林业管理体系和社会化服务体系。到 21 世纪中叶，建立起比较完备的林业生态体系和比较发达的林业产业体系，建成现代化管理体系和社会化服务体系。

实施林业可持续发展战略将促进森林资源培育和生态环境建设，以满足经济、社会可持续发展对森林资源的数量与质量，以及森林生态系统环境服务功能的要求。发达的林业产业是林业可持续发展的前提和保障。林业产业的发展必须以市场为导向，以效益为核心，依靠科技把改造林业传统产业、培育新型产业和建设主导产业有机结合起来，逐步建立起比较发达的林业产业体系。国有林区的可持续发展应该服从、服务于国家总体的可持续发展战略。但同时也要满足区域自身的发展要求。必须不断地满足国民经济发展和人民生活水平提高对森工林区物质产品和生态服务功能日益增长的需要，真正实现森林生态效益、经济效益和社会效益的统一。

4.1.3 国有林区林产工业生态位的内涵与特征

依据 3.2.1 提出的生态环境要素内生驱动的经济增长理念，以生态位思想为导引，全新解析国有林区林产工业可持续发展的内涵与特征，建立以森林生态为优先保障的林产工业发展模式，是切实降解国有林区林产工业发展脆弱性的切入点和可实践路径。

4.1.3.1 生态位与工业生态位

生态位原指生物有机体在它的环境中所处的位置和所发挥的功能，包括有机体在特定时序内存续所需的各种条件和所利用的资源。具体来说，是每种生物对资源(如食物种类)及环境变量(如温度)的选择范围所构成的集合，因为资源及环境变量是多维的，所以一个生物的生态位就是一个多维的超体积。

工业系统与其所处环境的关系，实质上也是一种相互依赖和相互制约的生态关系，这与生物个体与其环境的关系有本质上的一致性。生态学提供了一种新颖的研究思路，即用有机的、生态联系的、系统的观点去描述工业与环境的关系。为了能够适应环境的变化和选择，并定位适合于工业系统的生态位，工业在接受环境选择、资源竞争的同时，需要发挥其能动性，认知和学习工业系统及其所处环境，并自适应性、有目的性地进行一系列重构，以改变工业系统自身运行模式和所处的生态环境，实现工业系统新陈代谢和工业生态位进化。

依据生态位内涵、工业系统与环境的关系特点，可以定义林产工业生态位是描述林产工业与其所处环境之间的总关系，是在特定时期内，特定环境里，经由林产工业自身能动地与所处环境相互作用过程中所形成的相对地位与独特功能。林产工业生态位反映着某个时序特定环境内，人类通过特定的工业组织、工业技术和工业结构，驱动自然资源、资本资源和人力资源等工业生态因子的博弈和整合，形成特定的运行模式，在此过程中包含着政府对林产工业系统内部管理与集成、外部环境适应与反馈两个层面的宏观调配，其结构关系如图 4-1。

4.1.3.2 林产工业生态位的特征

(1)区域性。基于不同区域间存在显著的物质、人力、资本、科技、信息、交通和行政等资源禀赋的差异，形成了特定的产业组织、产业技术和产业结构，林产工业生态位具有明显的独特性和区域性。

(2)动态性。自然资源的紧缺、环境容量的局限和科学技术的进步

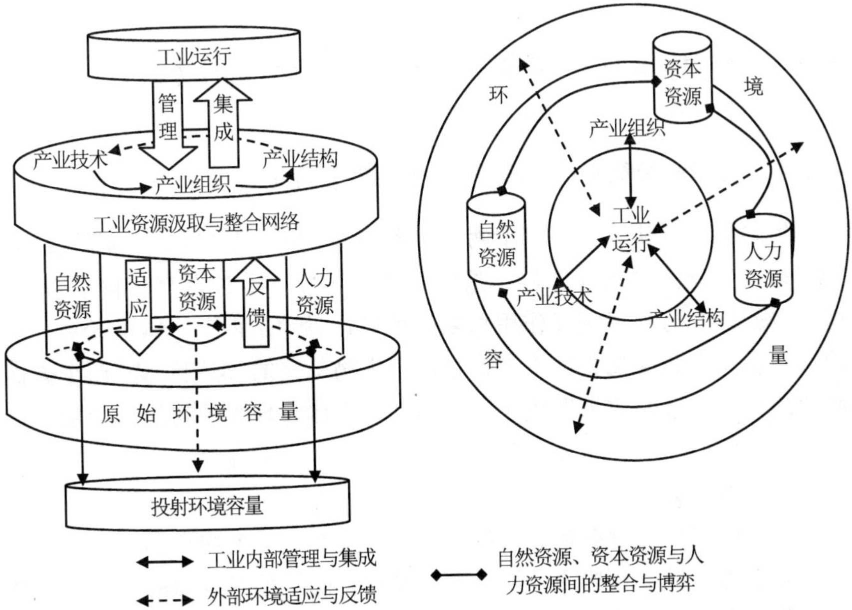

(a) 林产工业生态位的立体结构图 (b) 林产工业生态位的俯瞰平面图

图 4-1 某个时序国有林区内林产工业生态位的结构演示图

Fig. 4-1 Industrial ecological niche's structural sketchmap of regional system in some time

从正负两个方向导引着林产工业发展的转型升级，林产工业的“软性”驱动力（工业组织、工业结构和工业技术）和“硬性”资源（自然资源、资本资源、人力资源）的重新整合，驱动着林产工业生态位由低阶向高阶的跃迁和进化。

(3)调控性。国有林区政府作为林产工业运行的宏观调整角色，可以通过对林产工业系统“软性”驱动模式的再造、对“硬性”资源的再博弈和再整合，实现对林产工业生态位的进化和跃迁，形成新的工业运行模式，进而适应全新的环境容量要求和社会价值取向。

(4)反馈性。林产工业运行与生态环境具有双向互动作用关系，林产工业“软性”驱动力和“硬性”资源的任何变动，都必然会引起环境容量的相应反馈，反馈效应的大小取决于变动要素的波动范围以及与环境容量间的传导反馈机制。

4.2 国有林区林产工业生态位进化的演进序列

4.2.1 生态位态势理论与林产工业生态位进化

生态位理论认为，任何生物单元都有“态”和“势”两个方面的属性。“态”是指生物体单元的态势，是生物体单元过去生长发育、自主适应、组织协调以及与环境相互作用积累的结果，“势”是指生物体单元对环境的现实影响力和支配力，生态位是某个生物单元的“态”和“势”两个方面属性的融合，融合效果取决于两点：一是主体与环境的物质、能量和信息交换的状况；二是主体自身的新陈代谢，即主体内部各个部分运行及相互协调的状况。

生态位进化是指事物的进步性演化和发展。与生物进化相比，林产工业的进化不仅是自然的，以适应为准则，而且是有目的的；因此，林产工业生态位进化具有明显的方向性，是国有林区林产工业改变或修复其所处环境的过程，其实质是“有机体在其所处环境中的自然选择”，这一过程也称为大尺度上的工业生态系统工程。相比于自然生物体的生态位进化，林产工业生态位进化能够在很大程度上体现出人类社会的主导作用——促使林产工业生态位朝着设定的方向演进。林产工业生态位进化能力描述的是工业系统“势”的属性，反映的是工业系统与所处环境之间的物质、能量、信息交流转换的情况，主要是指林产工业对环境系统的主动的、有方向的适应，是林产工业在环境中的“变异－检验－保留与传衍”的过程，林产工业发展模式的改变以及环境相应的“挑剔”反应形成了工业生态位的演进序列，是林产工业不断自我组织、自我学习、自我创新的进化能力，即林产工业由低阶生态位向高阶生态位跃迁的能力。

4.2.2 林产工业生态位进化的演进序列分析

林产工业生态位的进化是个复杂的过程，就像生物体具有吸收、消化、排泄、神经等子系统一样，工业系统演化过程也包含一整套从消化吸收到产出的整个过程。林产工业生态位的进化是内部、外部各种要素的有机结合，是一个“耗散结构”。正如生物界的其他物种一样，林产工业生态位也具有明显的层级性。为了便于层级性的表达，将国有林区林产工业的某个层级生态位置于同一平面上，该平面代表该区域林产工业各生态位要素、要素关系的博弈和整合体，所处的不同层级代表该区域林产工业生态位的演进序列。由此，可以用图 4-2 来描述国有林区林产工业生态位的层级系统和进化过程。

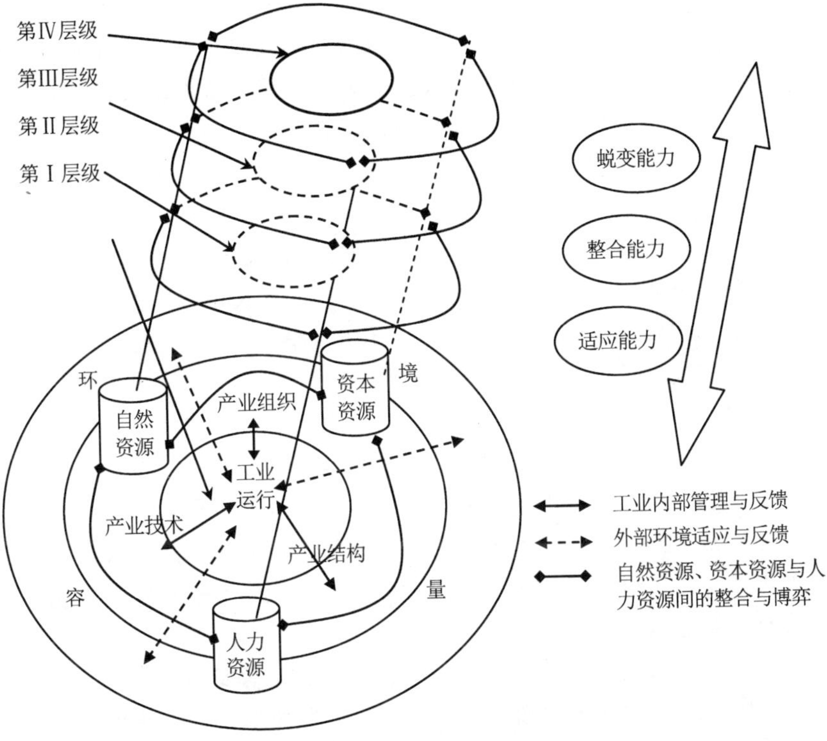

图 4-2 工业生态位进化的演进序列示意图

Fig. 4-2 Sequential evoluating sketch map of industrial econological niche

林产工业生态位进化与生态位要素之间具有一种循环催化的关系，演化是一个林产工业生态位各要素的连续性博弈、整合和林产工业生态位间断性跃迁的过程，是林产工业生态位要素相互协调演进的过程。作为生态系统的一部分，林产工业原有生态位可能随着整个生态环境的向前发展而被弱化或者淘汰，随着时序的演进，总有新的生态位产生，旧的生态位消失，林产工业就要进行生态位的转移(向上、向下或者区间跃迁)，否则就会出现林产工业运行与环境容量的严重不兼容，背离林产工业可持续发展方向。在此意义上，林产工业的基础生态位是一个时间段变量，它具有跳跃演化的特性，也就是常说的工业生态位跨越，工业所处的生态位层级越高，其所需要的生态位空间范围也就越大，否则无法维持在该林产工业生态位层面上的存在。体现在图 4-2 中就是越往上面，生态位越宽，林产工业所处位置越为优越，对应的林产工业生态位各个要素和要素关系也应随着生态位的位移或差异而有所改善。纵观我国国有林区林产工业整体的发展历史和可预见的未来发展模式，大体可以划分为四个主要的林产工业生态位层级。

(1)第 I 层级林产工业生态位。注重产值的粗放式增长。林产工业以森林资源高投入、产值高增长、污染高排放的发展模式为推动，奠定了初步的工业化基础。林产工业产值的高速增长，也带来了对生态环境累积式恶劣破坏，环境容量持续缩小，粗放式增长难以为继，第 I 级林产工业生态位出现了高危状态，向第 II 层级林产工业生态位跃迁成为林产工业延续的必由之路。

(2)第 II 层级林产工业生态位。兼顾生态的过渡式增长。粗放式的林产工业运行与环境容量出现尖锐矛盾，政府必须从宏观上调整工业组织、工业结构和工业技术，驱动自然资源、资本资源和人力资源通过不断的博弈和整合，螺旋式上升进而形成林产工业兼顾生态、节能减排的过渡式增长，第 II 层级林产工业生态位是我国国有林区林产工业当前所处的实际生态位。

(3)第 III 层级林产工业生态位。低碳经济的集约式增长。2008 年，以美国次贷危机为导火索而引发的全球性金融风暴，进一步促进全球产业(尤其是工业系统)的重新整合和模式再造，更是将处于过渡式增长的中国工业系统推到风口浪尖，美国式的低碳经济理念已经迅速得到多个主要工业品进出口国的认同和实施，低碳经济准入标准更是严重制约着我国工业品的出口贸易量，尽快达到低碳经济的工业运行标准是第 III 级林产工业生态位的本质要求。

(4)第 IV 层级林产工业生态位。内外循环的可持续增长。循环经济倡导“减量化、再利用、再循环”的零排放式经济循环体系建设，仿照生物圈的新陈代谢功能，再造国有林区林产工业能量交换、物质交换、多级利用、自给自足的循环网链，包括林产工业内部多产业、多企业、多部门的内部循环网络以及工业系统与社会系统的外部循环网络两个层位，第 IV 层级林产工业生态位是实现可持续发展的新型工业化道路。

4. 2. 3 林产工业生态位进化的系统脆弱性维度结构

参照图 4-2，当前我国国有林区林产工业整体而言处于第 II 层次（兼顾生态的过渡式增长），宏观调整工业组织、工业结构和工业技术，驱动自然资源、资本资源和人力资源的再博弈和再整合，提升林产工业由第 II 层次向第 III 层次林产工业生态位进化能力的意义重大；从维度结构分析的视角入手，林产工业生态位进化能力提升的维度结构如演示图 4-3。

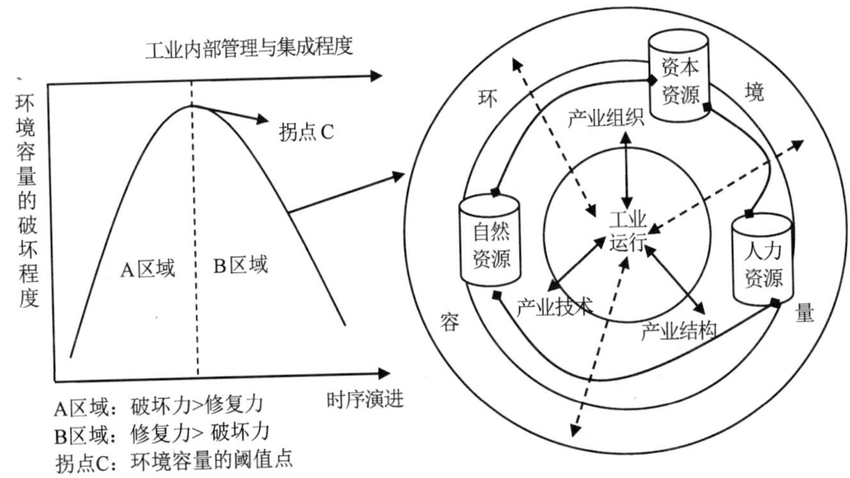

(a) 工业生态位进化能力的维度结构　　（b）工业生态位进化曲线的剖面分析图

图 4-3　林产工业生态位进化能力提升的维度结构演示图

Fig. 4-3　Dimension Structure's sketch map of industrial ecological niche's evoluting ability

(1)林产工业生态位进化系统脆弱性的资源维度。资源是林产工业生态位进化能力提升的首要因素，是其赖以生存和发展的基础，资源获得能力与利用效率的差异决定着林产工业生态位的宽窄，对林产工业向更高层级林产工业生态位进化能力提升的影响重大。结合第 II 阶层林产工业生态位的特点可知，林产工业在过渡式增长时期，资源瓶颈日益严重、环境容量逐步缩小，资源可获能力受到限制，提高资源的利用效率是增加林产工业生态位宽度的现实途径，即图 4-3(a)中快速突破拐点 C。

(2)林产工业生态位进化系统脆弱性的适应维度。林产工业生态位进化能力的提升离不开特定的资源环境、产业环境、生态环境、行政环境和社会环境，适应维度用于测度林产工业对内部、外部多维环境子系统的适应度，林产工业生态位进化能力提升的内部环境可以营造，而外部环境要求适应。林产工业由第 II 层级向第 III 层级生态位的进化过程中，需要更加关注林产工业运行对环境容量(尤其是生态环境容量)的影响。

(3)林产工业生态位进化系统脆弱性的整合维度。林产工业生态位进化能力的提升需要通过宏观调控工业组织、工业结构和工业技术，驱动某个阶层林产工业生态位自然资源、资本资源和人力资源的良性博弈和高效整合。依据生态位态势理论，林产工业生态位进化到某一层级后，具备高效的整合能力才能保障林产工业生态位“态”的稳定，避免出现退化现象，并为进阶更高层位的林产工业生态位积聚能量。

(4)林产工业生态位进化系统脆弱性的过程维度。林产工业生态位进化能力的提升需要经历一个“调整－检验－保留与传衍”的过程，在低阶林产工业生态位和高阶林产工业生态位之间存在多个连续性的亚生态位层级，参照图 4-3(b)剖面分析图，多个连续性亚生态位层级的螺旋式上升和进化；从第 II 阶层向第 III 阶层林产工业生态位进化过程中，由多个明确的阶段性进化子目标导向形成的亚生态位层次构成的，需要对进化过程的主要子目标的实现程度进行监测和调控。

4.3 国有林区林产工业生态位进化的系统脆弱性测评

4.3.1 林产工业生态位进化的系统脆弱性与 CRE 效率考核

在国有林业经济系统内部，工业系统的产值占比生产总值 35％以上、解决了接近 30％的职工就业，且两项比率近年来呈现出逐步上涨的趋势，但国有林区林产工业产值增长方式是粗放的、资源浪费严重，工业经济发展中存在和积累的深层次问题日益增多，集中表现为林产工业产业结构不合理，产值增长的“高投入、高污染、高破坏”特征明显。注重林产工业经济增长的质量和效益、减少林产工业运转对生态环境的负向影响程度、提高林产工业运行 CRE 效率，继而增强国有林区林产工业由第 II 层级向第 III 层级工业生态位进化能力，缓解工业运行、森林生态与环境容量间尖锐矛盾对于实现国有林区的可持续发展意义重大。

4.3.2　林产工业运行的 CRE 效率准则分析

结合前文对由第 II 层级向第 III 层级林产工业生位进化能力的维度分析，应该由国家层级的管理机构制定不同区域、不同行业的生态位进化标准体系，在指导性准则缺失的视阙下，本书提出以林产工业运行的 CRE(资源－经济－环境)效率为切入点，动态地测度生态位进化能力的强弱，建立林产工业运行 CRE 效率测评指标的设置准则。

(1)投入产出的效率准则。从投入产出的视角研究国有林区林产工业运行的 CRE 效率，需要强调评价指标成本－效益的对应性，继而保障评价结果的有效性；投入指标层面要体现国有林区林产工业发展中需要承载的资本资源成本、人力资源资本、生态环境成本和能源资源成本，产出指标层面体现国有林区林产工业的盈利能力和劳动生产效率。

(2)环境容量成本化准则。将环境容量成本植入林产工业生态位进化能力测评是林产工业运行 CRE 效率分析的独特视角，国有林区林产工业的运行需要体现出“减量化”、“再利用”、“资源化”的 3R 效应(参见尹航等学者的研究成果)[154]，将年度工业废气排放量、未达标工业废水排放量、未利用固体废物排放量等指标作为考核国有林区林产工业运行需要承载的生态环境成本，是具有科学性和实践可行性的。

(3)敏感性和逻辑性准则。本书以林产工业运行的 CRE 效率分析为着力点，依据林产工业生态位内工业组织、工业结构、工业技术等“软性”资源和自然资源、资本资源、社会资源等“硬性”资源的博弈结果与整合效率，以及与环境容量间的关联驱动作用机制，可以动态地、前瞻性地测度林产工业生态位进化能力的连续性过程，指标体系突出敏感性和逻辑性。

(4)操作性和精炼性准则。林产工业生态位的进化过程十分复杂，考核所有的影响因素必然造成指标体系臃肿庞大且因严重缺乏数据而无法操作，在保障评价指标系统性和针对性的前提下，注重指标数据来源的可获性和可靠性，指标体系需要突出精炼性和可操作性。

4.3.3 林产工业运行的 CRE 效率指标设置

选择评价指标时，应当尽量选取那些能够量化的指标。兼顾考虑绝对量指标和相对量指标，力求以尽量少的关键性指标来体现决策单元相对效率的有效性。结合基于生态位进化能力提升的林产工业运行 CRE 效率准则，参照尹航、王寿兵和吴玉萍等学者的研究成果[138,146,155]，可以设置见表 4-1 所示的 10 个指标。表 4-1 中的 10 个指标，有些满足锥性条件，有些则不然，通过分析可知以下指标满足锥性：林产工业年度总资产净值(X_1亿元/年)，林产工业年度从业人数(X_2人/年)，林产工业年度工业废气排放量(X_3万吨/年)，林产工业年度未达标工业废水排放量(X_4万吨/年)，林产工业年度未利用固体废物排放量(X_5万吨/年)，林产工业年度能源消耗量(X_6万吨标准煤/年)和林产工业年度主营业务收入(Y_1亿元/年)，而分析指标——林产工业年度全员劳动生产率(V_1元/人)不满足锥性。

表 4-1 基于生态位进化能力提升的林产工业运行 CRE 效率测评指标

Tab. 4-1 Evaluation indexes system on CRE relative efficiency of industrial system in forestry area

指标层次	评价指标	指标性质
投入指标	林产工业年度总资产净值(X_1亿元/年)	满足锥性条件
	林产工业年度从业人数(X_2人/年)	满足锥性条件
	林产工业年度废气排放量①(X_3万吨/年)	满足锥性条件
	林产工业年度未达标工业废水排放量①(X_4万吨/年)	满足锥性条件
	林产工业年度未利用固体废物排放量①(X_5万吨/年)	满足锥性条件
	林产工业年度能源消耗量(X_6万吨标准煤/年)	满足锥性条件
产出指标	林产工业年度主营业务收入(Y_1亿元/年)	满足锥性条件
	林产工业年度全员劳动生产率(V_1元/人)	不满足锥性条件

注：依据环境容量成本化准则，将工业运行对环境容量的破坏性产出作为负向成本要素处理。

4.3.4　林产工业运行的 CRE 效率测评模型建立

数据包络分析(Data Envelopment Analysis，以下简记 DEA)是由著名的运筹学家 A. Charnes 和 W. W. Cooper 等人以相对效率概念为基础发展起来的一种崭新的系统分析方法。通过输入和输出数据的综合分析，DEA 可以得出每个 DMU 综合效率的数量指标，确定有效(即相对效率高)的 DMU，指出 DMU 非有效的原因和程度，判断各 DMU 的投入规模是否适当，并给出各 DMU 调整投入规模的正确方向和程度。DEA 把单输入单输出的工程效率概念推广到了多输入多输出同类决策单元 DMU 的有效性评价中去，能够有效地避免主观偏差。

DEA 方法的原理(魏权龄，1988)大致是：记 $X_j=(x_{ij}, \cdots, x_{mj})^T$，$Y_j=(y_{ij}, \cdots, y_{rj})^T$，$j=1, \cdots, n$。其中，$x_{ij}$ 为第 j 个决策单元对第 i 种类型输入的投入量；y_{rj} 为第 j 个决策单元对第 r 种类型输出的产出量，可用(X_j, Y_j)表示第 j 个决策单元 DMU_j。对应于权系数 $v=(v_1, \cdots, v_m)^T$，$u=(u_1, \cdots, u_s)^T$，每个决策单元都有相应的效率评价指标 $h_j=u^TY_j/v^TX_j$，$j=1, 2, \cdots, n$。总可以适当地选择权系数 v 和 u，使其满足 $h_j\leqslant 1$，$j=1, 2, \cdots, n$。现在对第 j_0 个决策单元进行效率评价，简记 DMU_{j0} 为 DMU_0，(X_{j0}, Y_{j0})为(X_0, Y_0)，h_{j0} 为 h_0，$1\leqslant j_0\leqslant n$。在决策单元的效率评价指标均不超过 1 的条件下，选择权系数 u 及 v，使 h_0 最大。

$$(\bar{P})\begin{cases} maxh_0=\dfrac{u^TY_0}{v^TX_0}=V_{\bar{p}} \\ s.t.\ \_\ h_j=\dfrac{u^TY_j}{v^TX_j}<=1 \\ j=1,2,\cdots,n \\ v\geqslant 0,\ u\geqslant 0 \end{cases} \tag{4-1}$$

分式规划$(\bar{p})$可以经变换成为线性规划问题(P)(加入松弛变量 s^+、s^-)：

$$(D_{C^2R})\begin{cases} min\theta_0 \\ s.t\sum_{j=0}^{n}X_j\lambda_j+S^-=\theta_0X_0 \\ \sum_{j=1}^{n}Y_j\lambda_j-S^+=Y_0 \\ \lambda_j\geqslant 0,j-1,2,\cdots,n,S^+\geqslant 0,S^-\geqslant 0 \end{cases} \tag{4-2}$$

上面介绍的是DEA模型中的C^2R模型，常用的另外一个模型是C^2GS^2模型。具体的模型如下：

$$(D_G S^2)\begin{cases} min\theta_0 \\ st.\sum_{j=0}^{n} X_j\lambda_j + S^- = \theta_0 X_0 \\ \sum_{j=0}^{n} Y_j\lambda_j - S^+ = Y_0, \sum_{j=0}^{n}\lambda_j = 1 \\ \lambda_j \geqslant 0, j = 1,2,\cdots,n, S^+ \geqslant 0, S^- \geqslant 0 \end{cases} \tag{4-3}$$

DMU_{j0}为DEA有效的充分必要条件为规划问题(D)的最优值$\theta_0=1$，并且它的每个最优解：$\lambda^0=(\lambda_1^0，\cdots，\lambda_n^0)^T$，$s^{-0}$，$s^{+0}$，都满足$\theta_0=1$，$s^{-0}=0$，$s^{+0}=0$；而且在实际应用中各输入和输出都带有一定量纲，决策单元的最优效率评价指数θ_0与输入及输出量纲选取无关。DEA以数学上严密的定理形式，证明与经济学的Pareto有效性等价，并显示出比生产函数更加优越的性能。大量的管理运筹学的实际应用研究已经说明，任何生产效率都不可能达到最优，实际生产只能追求适合本系统中生产状况的“满意效率”。DEA则提供了这种“满意”解，给出了适合系统发展方向、相对系统现有发展水平可能达到的效率改进目标。

本书从投入产出效率评价的视角出发，应用数据包络分析方法(DEA方法)，测度国有林区林产工业运行的CRE效率。通过测算不同投入产出指标的敏感度系数，解析制约林产工业生态位进化能力提升的瓶颈资源和关键性因素，为后续调整策略的制定提供了科学的、定量的参考依据。目前，理论比较成熟、应用比较广泛的主要有C^2R模型和C^2GS^2模型，两者本质的区别是对模型最优解λ_j的约束不同，C^2GS^2模型中的指标不满足锥性，即该模型不认为k倍的资源投入获得k倍的物质产出是可行的。在现实经济系统中，评价指标体系的构成十分复杂，无论单独应用那个模型进行分析都必然会忽略部分重要的影响因素。因此，需要取长补短，构造能够同时使用两类指标的混合DEA模型[155]。此外，为避免因过多决策单元的DEA效率指数为1而致使决策单元之间无法判断优劣的情况出现，本书将混合DEA模型数学表达式$D_{Combine}$中决策单元$DMU_j(j\in J)$的自限制条件去除，则超效率混合DEA模型的数学表达式如公式(4-4)所示。吴文江等学者认同$D_{Combine}$模型的生产可能集如公式(4-5)所示。

$$(D_{Combine})\begin{cases}\min\theta_0 \\ st. \\ \sum\limits_{j=1,j\neq 0}^{n} X_j\lambda_j + S^- = \theta_0 X_0,\ \sum\limits_{j=1,j\neq 0}^{n} U_j\lambda_j + R^- = \Phi U_0 \\ \sum\limits_{j=1,j\neq 0}^{n} Y_j\lambda_j + S^+ = \theta_0 Y_0,\ \sum\limits_{j=1,j\neq 0}^{n} V_j\lambda_j + R^+ = \Phi V_0 \\ \sum\limits_{j=1}^{n} = \Phi;\lambda_j \geqslant 0;\Phi \geqslant 0;\ i = 1,2,\cdots,m;j = 1,2,\cdots n \\ S^+ \geqslant 0;S^- \geqslant 0;R^+ \geqslant 0;R^- \geqslant 0\end{cases} \tag{4-4}$$

$$T = \left\{(X,U,Y,Z)\left|\begin{array}{l}X \geqslant \sum\limits_{j\in J} X_j\lambda_j, U \geqslant \left(\dfrac{1}{\Phi}\right)\sum\limits^{j\in J} U_j\lambda_j, Y \leqslant \sum\limits_{j\in J} Y_j\lambda_j, \\ V \leqslant \left(\dfrac{1}{\Phi}\right)\sum\limits_{j\in J} V_j\lambda_j, \Phi \geqslant 0, \sum\limits^{j\in J}\lambda_j = \Phi, \lambda_j \geqslant 0, j \in J\end{array}\right.\right\} \tag{4-5}$$

4.4 本章小结

依据生态位态势理论，本节界定了林产工业生态位的经济内涵，剖析林产工业生态位的演进序列和多层次划分，提出林产工业生态位进化能力的维度结构分析，以林产工业运行的 CRE 效率指数为分析工具，测评林产工业由第 II 层级向第 III 层级跃迁的工业生态位进化能力，为国有林区林产工业可持续发展系统脆弱性后续的优化调整策略制定提供定量参考依据。

5 国有林区森林生态服务资产化与多级交易市场体系建设

本章节基于 2.1.4 中植入生态环境要素的国有林区经济增长理念，以及 2.2.4 中有关森林生态服务公共品属性、外部性引致供需失衡的经济学分析，建立基于自发组织的森林生态服务使用权证私人交易、基于政府导引的森林生态服务使用权证开放交易、基于政府调控的森林生态服务使用权证公共支付等三种主要模式的多级交易市场体系，为突破森林生态服务资产化与市场化的瓶颈问题提供新颖的研究视角。需要重点说明的是，森林生态服务交易市场的建立不能依赖于国有林区系统自我主导和自我创造，无论是使用权证的价值测算、监管机构的建立、交易合同的备案与执行、交易资金的支付，还是交易纠纷的仲裁与生态立法，都需要国务院、全国人大(环境与资源保护委员会)、中央部委(包括国家林业局、国家财政部等部门)等多个国家机构，从国家导向的生态环境政策、财政支持与法律支持等方面，为森林生态服务交易市场的建立提供重要的保障条件，这是一个基于全国视角的森林生态服务功能规划与分配转移。

5.1 森林生态服务资产化的使用权证与价值核算

5.1.1 森林生态服务资产化的使用权证制度分析

森林生态服务使用权证是森林生态服务种类及数量、森林生态产品使用权的标识。森林生态服务使用权证的制订和发放是交易制度的基础，森林生态服务使用权证分为主证和副证(包括涵养水源、保育土壤、净化环境、固碳制氧、防沙护田、旅游憩息和生物多样性七种使用权副证)，副证与主证的基本关系为：第一，副证生态当量总量≤主证生态当量总量；第二，副证与主证是多对一的关系。森林生态服务使用权证发放的对象是：所有森林生态服务资源的拥有者。副证交易给“规定用户”(指其生产活动或行为需消耗生态环境资源或增加生态环境负担，该种“资源消耗”或“环境负担”可以通过增加森林生态服务来缓解的企业单位和个人)。“规定用户”通过市场购买的方式获得森林生态服务使用权副证。森林生态服务使用权证交易制度是一种市场模式，由“森林经营者”、“规定用户”、“森林生态服务使用权证交易所”、“政府监管和调控”四部分组成。管理要点是：

图 5-1　森林生态服务使用权证制度的示意图

Fig. 5-1　Schematic diagram of forestry ecological use right certificate's system

(1)政府成立森林生态服务资产管理机构，根据对生态环境破坏程度和对森林生态服务需求当量设立标准，界定森林生态服务消费的“规定用户”，以法律的形式明确“规定用户”购买与其“生态服务消费水平”相当的“森林生态服务使用权证”。

(2)森林生态服务资产管理机构组织专家委员会，根据森林面积、蓄积及其他反映生态服务功能等指标，确定森林生态服务价值当量，为森林经营者授予相应“森林使用权证(主证)”，该证具有资产属性，是森林生态服务资产的所有权和收益权凭证。

(3)政府建立森林生态服务使用权证(副证)交易所，进行森林生态服务使用权证(副证)及相关产品的交易，规定用户可以根据其“森林生态服务需求”求购森林生态服务使用权副证，政府对森林生态服务使用权证交易所的运行进行监督和管理。

(4)政府通过政策、法律等手段，支持和保障森林生态服务使用权证交易制度的运行，包括对规定用户和权证拥有者私人交易市场的监管，以财税政策方式向规定用户征收生态税和生态补偿建设资金、完成森林生态服务的公共支付等调控措施。

5.1.2　森林生态服务使用权证的价值核算方法

5.1.2.1　基于区位商的森林生态服务使用权副证价值计算

参照产业经济学中区位商的内涵和计算方法，森林生态服务使用权副证价值的区位商(ELQ_j)可以定位为较小区域上森林的某一项生态服务价值(ev_j)在总体生态服务价值($\sum ev_j$)中的比重与较大区域上森林资源的该项生态服务价值(EV_j)占总体生态服务价值($\sum EV_j$)的比重之商，可以依据区位商(参见公式(5-1))来判断各种森林生态服务使用权副证价值在区域系统内的重要程度，代表区域系统内森林生态服务效益的价值取向和生态重点。

$$ELQ_j = (ev_j / \sum_{j=1}^{n} ev_j) \div (EV_j / \sum_{j=1}^{n} EV_j), j \in (1,2,\cdots n) \quad (5\text{-}1)$$

5.1.2.2　森林生态服务使用权副证价值的修正区位商计算

ELQ_j数值未能充分考虑该项森林生态服务使用权副证价值在本区域系统内的绝对比重。为避免这一悖论的出现，本书提出综合考核各项森林生态服务使用权副证价值的相对重要性和在本区域内生态服务价值总和中的绝对比重，对生态区位商进行必要修正，形成更为科学的、可操作的修正区位商系数 $AELQ_j$。

$$AELQ_j = [ELQ_j + (ev_j / \sum_{j=1}^{n} ev_j)] \div [\sum_{j=1}^{n} ELQ_j \times (EV_j / \sum_{j=1}^{n} EV_j)], j \in (1,2,\cdots n) \quad (5\text{-}2)$$

(1)当 $AELQ_j \geqslant 15\%$时，森林第 j 项生态服务使用权副证价值具有明显重要性，是综合测算(即森林生态服务使用权主证价值)的重点。

(2)当 $5\% \leqslant AELQ_j < 15\%$时，森林第 j 项生态服务使用权副证价值具有潜在重要性，是综合测算的参考因素。

(3)当 $AELQ_j < 5\%$时，森林第 j 项生态服务使用权副证价值不具有相对重要性，是综合测算可以忽略的因素。

需要特别说明的是，上述判定标准仅仅起到参考作用，具体的区域系统需要邀请林业专家、生态专家、政府官员等多个利益相关方的代表针对区域系统内森林生态服务供给和需求的独特性，设置判定标准。

5.1.2.3 森林生态服务使用权副证价值综合测算

森林生态服务使用权副证价值的综合测算(EV)受到涵养水源(EV_1)、保育土壤(EV_2)、净化环境(EV_3)、固碳制氧(EV_4)、防沙护田(EV_5)、旅游憩息(EV_6)、生物多样性(EV_7)七个生态服务使用权副证价值(计算公式参照表 5-2)的影响。

$$EV = f(EV_1, EV_2, \cdots\cdots EV_7) \tag{5-3}$$

依据森林各项生态服务使用权副证价值的修正区位商 $AELQ_j$，确立区域系统中各项森林生态服务使用权副证价值的相对重要性，其中 $\max\{AELQ_j\}$ 对应着最重要的生态服务使用权副证价值，需要优先地全额核算其价值分量，并以 $AELQ_j$ 数值为基础，核算其他生态服务使用权副证价值的折算系数 CP_j。

$$CP_j = AELQ_j / max\{AELQ_j\},\ AELQ_j \in \{AELQ \mid AELQ_j > 5\%\},\ j \in (1, 2, \cdots 7) \tag{5-4}$$

进一步计算可以获得森林生态使用权副证价值总量，EV_j、EV_i 分别代表具有明显重要性和潜在重要性的森林生态服务使用权副证价值，$AELQ_j$、$AELQ_i$ 分别代表两类森林生态服务使用权副证价值的区位商系数，α_i 代表具有潜在重要性的森林生态服务使用权副证价值的缩聚系数 α_i，计算方法如公式(5-6)。

$$EV = \sum EV_j \times CP_j + \sum EV_i \times CP_i \times \alpha, (i,j) \in \{J \mid 1,2,\cdots 7\} \tag{5-5}$$

$$j \in \{J \mid AELQ_j \geqslant 15\%\},\ i \in \{J \mid 5\% \leqslant AELQ_j < 15\%\}$$

$$\alpha_i = (AELQ_i - 5\%)/(15\% - 5\%),\ i \in \{j \mid 5\% \leqslant AELQ_j \leqslant 15\%\} \tag{5-6}$$

5.1.2.4 实例演示

以伊春国有林区森林生态服务使用权证价值量计算为例，可以确认涵养水源(EV_1)、净化环境(EV_3)、防沙护田(EV_5)为伊春国有林区具有明显重要性的森林生态服务使用权副证价值；保育土壤(EV_2)、生物多样性(EV_7)为潜在重要性价值；固碳制氧(EV_4)、旅游憩息(EV_6)目前不具有相对重要性。参照前文分析步骤和计算公式，以伊春国有林区统计数据为实证测算基础，计算得到表5-1中的过程参数和折算后的伊春森林生态服务使用权证综合测算价值。

表5-1　森林生态服务使用权副证价值分量的计算方式列表

Tab. 5-1　Calculating formula list of ecological service's use right deputy certificate

价值分量	生态功能	计算公式	参数说明
涵养水源 EV_1	拦蓄降水价值	$EV_{11} = \theta \cdot R \times A \times P_1$	R为年度平均降水量(mm)；θ为截流系数，A为森林面积(hm^2)；P_1为单位蓄水费用
	增加地表有效水价值	$EV_{12} = P_2 \times \Sigma S_i \times (H_i - H_o)$	S_i为第i树种的面积(hm^2)；H_o、H_i分别为对照土地和第i树种单位面积拦蓄降水能力(m^3/hm^2)；P_2为生活用水价格(元/m^3)
	净化水质价值	$EV_{13} = \theta \cdot R \times A \times P_3$	R为年度平均降水量(mm)；θ为截流系数；A为森林面积(hm^2)；P_3为单位体积水直接落地与森林净化后的净化费用差额(元/m^3)
保育土壤 EV_2	减少土壤养分损失	$EV_{21} = E_s \times R_1 \times R_2 \times P_1 + E_s \times (B_n + B_p + B_k) \times P_2$	E_s为减少土壤侵蚀量(t)；R_1为土壤中有机质平均含量(%)；R_2为薪柴转化成土壤有机质的比例；P_1为薪柴的机会成本价(元/t)；B_n、B_p、B_k分别为林地土壤表层N、P、K的平均百分比含量；P_2为N、P、K化肥平均价格
	减少土地废弃的价值	$EV_{22} = (E_s \times B)/(10000 \times L \times D)$	D为森林土壤平均密度(t/m^3)；L为森林土层厚度(m)；B为林业年均收益(元/hm^2)
	减轻泥沙淤积的价值	$EV_{23} = 24\% \times E_s \times U/10000\,D$	D为森林土壤平均密度(t/m^3)；U为单位库容造价(6.1107元/m^3)
净化环境 EV_3	阻滞粉尘和吸收SO_2	$EV_3 = P_1 \times \Sigma A_i \times M_i + P_2 \times \Sigma A_i \times N_i$	A_i为各森林类型面积(hm^2)；M_i为各森林类型对SO_2净化能力值[$t/(hm^2 \cdot a)$]；N_i为各森林类型滞尘能力值[$t/(hm^2 \cdot a)$]；P_1为削减SO_2成本(元/t)；P_2为削减粉尘成本(元/t)
固碳制氧 EV_4	固定大气中CO_2和增加大气中O_2含量	$EV_4 = Q \times (1 + S_a) \times (Q_c \times C_c + Q_o \times C_o)$	Q为活立木蓄积量(m^3)；S_a为活立木蓄积年均增长率(%)；Q_c与Q_o为单位森林蓄积固碳量与释氧量，C_c与C_o为固碳和释氧的造林成本

（续）

价值分量	生态功能	计算公式	参数说明
防沙护田 EV_5	防护农田价值	$EV_{51} = \Sigma S_i \times Q_i \times P_i$	S_i(hm^2)为第 i 种农作物的耕种面积；Q_i(kg/hm^2)为因防护林作用而增加的产量；P_i为第 i 种农作物的市场价格
	防风固沙价值	$EV_{52} = A \times 90110$ 元/ hm^2	防风固沙林地的价格按防护林的价格 90110 元/hm^2，A 为森林面积
旅游憩息 EV_6	为居民旅游憩息提供场所的价值	费用支出法评价	森林游憩价值可以近似地看做当年的旅游总收入，相关数据可以查询区域的统计年鉴获得
生物多样性 EV_7	传粉、生物控制、庇护和遗传资源的价值	$EV_7 = A \times [361$ 美元/(hm^2 · a) $\times T$ + 2884.6 元/(hm^2 · a)]/2	A 为森林面积(hm^2)，T 为人民币与美元的汇率(RMB/USD)

$$\begin{aligned} EV &= EV_1 \times CP_1 \times EV_3 \times CP_3 \times EV_5 \times CP_5 \times EV_2 \times CP_2 \times a_2 \times EV_7 \times CP_7 \times a_7 \\ &= 56.89 + 0.43 + 25.08 + 0.00 + 18.56 + 0.00 + 0.28 \\ &= 101.24 \text{ 亿元} \end{aligned} \tag{5-7}$$

表 5-2 伊春国有林区森林生态服务使用权副证价值测算表

Tab. 5-2 Measuring list of use right deputy certificate of Yi Chun national forestry ecological service

生态价值	ev_j	EV_j	$AELQ_j$(%)	CP_j	α_i	折算价值
涵养水源(EV_1)	56.89	214.79	38.86	1.000	1.000	56.89
保育土壤(EV_2)	9.26	29.91	7.39	0.191	0.239	0.43
净化环境(EV_3)	44.24	229.04	22.03	0.567	1.000	25.08
固碳制氧(EV_4)	10.71	67.39	4.39	0.000	0.000	0.00
防沙护田(EV_5)	35.63	161.97	20.21	0.521	1.000	18.56
旅游憩息(EV_6)	9.41	351.00	0.65	0.000	0.000	0.00
生物多样性(EV_7)	11.41	51.88	6.47	0.166	0.147	0.28
合　计(EV)	177.55	1105.99	100.00	—	—	101.24

5.2 森林生态服务使用权证的多级交易市场体系构建

森林生态服务使用权证的交易市场的建立和运行均需要政府的监控和管理，依据政府参与程度大小可以划分为 3 个层级：其一，是自发组织的私人交易，受益者(规定用户)和提供服务的经营者之间进行直接支付，如水文市场。其二，是政府把某项森林生态服务定义为可以交易的商品并生成社会需求，如碳汇市场。其三，是公共支付体系，是政府用公共财政拨款补贴公共项目，如森林生物多样性(表 5-3)。

表 5-3 典型的森林生态服务市场化实践案例分析表

Tab. 5-3 Analytical table of typical forestry ecological service's marketization

方式	案例名称	环境服务类型	环境服务提供方	环境服务付费方	补偿方式	补偿标准	项目影响
自发组织的私人交易	法国：Perrier Vittel 为良好水质付费	改善饮用水水质	上游奶农和林场主	天然矿泉水公司	矿泉水公司直接支付给上游的土地所有者	Vittel 公司 7 年内每年每公顷支付 230 美元。总计支付 380 万美元	重新造林，影响小，项目侧重于森林的再造
	哥斯达黎加：水电公司资助上游造林	为水力发电提供稳定的水流	上游的私人林场主	私营水电公司	水电公司通过当地 NGO 将补偿费支付给土地所有者	保护森林的林场主每年每公顷补贴 45 美元，持续管理森林的林场主补贴 70 美元，造林林场主补贴 116 美元	提高了私人土地的森林覆盖率，通过保护与更新扩大了森林面积
	哥伦比亚考卡谷：水资源用户协会	改善底流减少灌溉渠中的泥沙淤积	上游的林场主	水资源用户协会	水资源用户协会向政府付费，补偿给上游土地所有者	协会自愿支付每 1.5～2.0 美元，另加 0.5 美元的水获得许可费	控制土壤侵蚀、保护泉水与排水沟、发展流域社团

（续）

方式	案例名称	环境服务类型	环境服务提供方	环境服务付费方	补偿方式	补偿标准	项目影响
政府导引的开放交易	美国：排污许可证交易	改善水质	减少排污量至允许水平以下污染者	排污量在允许水平以上的污染者	在工业与农业污染源单位进行排污许可证交易	每英亩5～10美元（12.4～24.7美元/hm^2）	对森林的影响不大，主要是在河滨地带造林
	智利：SIF碳吸收工程	改善空气防止升温	林场主与农户	美国工业企业	工业企业向政府支付，与林厂主签订碳汇项目	投资27亿美元建设7000平方公里的森林，来吸收385280吨碳排放量	对森林的影响不大，主要是推进造林工程
	中国：八达岭林场植树造林	改善生态环境	林场主与农户	中国石油天然气集团公司	支付青龙湖镇植林报酬	出资300万元，青龙湖镇在20年内共植碳汇林6000亩，每年吸收二氧化碳近4000吨	对森林的影响不大，主要是推进造林工程
政府调控的公共支付	中国：广西珠江流域再造林生态项目	改善生态环境	林场主与农户	世界银行生物碳基金管理会	支付广西环江县和苍梧县植林报酬	220万美元碳汇，在广西环江县营造4000公顷人工林	对森林的影响不大，主要是推进造林工程
	纽约市：流域的管理计划	净化水质	上游林场主	水资源使用者，联邦、州、市政府提供额外资助	生态税、纽约市公债、补贴、采伐许可证、差别土地使用税、开发权转让等	农林场主获得额外补偿，拥有$20hm^2$林地或同意进行10年森林管理的林场主在所得税上享受8折优惠	采用对森林影响不大的采伐方式、退耕、森林更新

（续）

方式	案例名称	环境服务类型	环境服务提供方	环境服务付费方	补偿方式	补偿标准	项目影响
政府调控的公共支付	美国：土壤保护计划	减少土壤侵蚀、净化水质、稳定水流	农田和边界牧场的所有者	美国农业部	保护地役权、成本分摊协议、为参与计划农民支付租金补贴和激励补贴	农场主每年每公顷获得125美元，弥补土地作为保护地约50%的损失。政府总支出为每年18亿美元	促进植树造林、缓冲带造林、防护林建设、低洼地造林等
	巴西：生态增值税	改善生态环境	林场主与农户	巴西国家与地方政府	补偿生态保护区，也可促进新的生态保护区的形成	Parana州补偿1.5亿美元，Minas Gerais州补偿4500万美元	对森林影响不大，主要是森林生态的保护和恢复建设工程

结合表5-3进行分析，在市场经济和环境法制高度发达的地区，通过建立各种交易机制提高森林生态服务商品化的效率；在公共体制为主的地区，公共支付体系下进行间接交易的比例较大；需要在现实条件下，建立国家财政鼓励机制和保障森林生态服务有偿服务机制有效执行的政策法规，促进森林生态服务使用权副证多级交易市场体系的成长。

5.2.1 基于自发组织的森林生态服务使用权证私人交易市场体系

森林资源经营者与规定用户存在森林生态服务供需的内在动机，森林生态服务使用权制度的建立，为森林生态服务使用权副证的私下转让提供交易和调控载体，如图5-2；在市场体系建设进程中，存在如下操作流程：

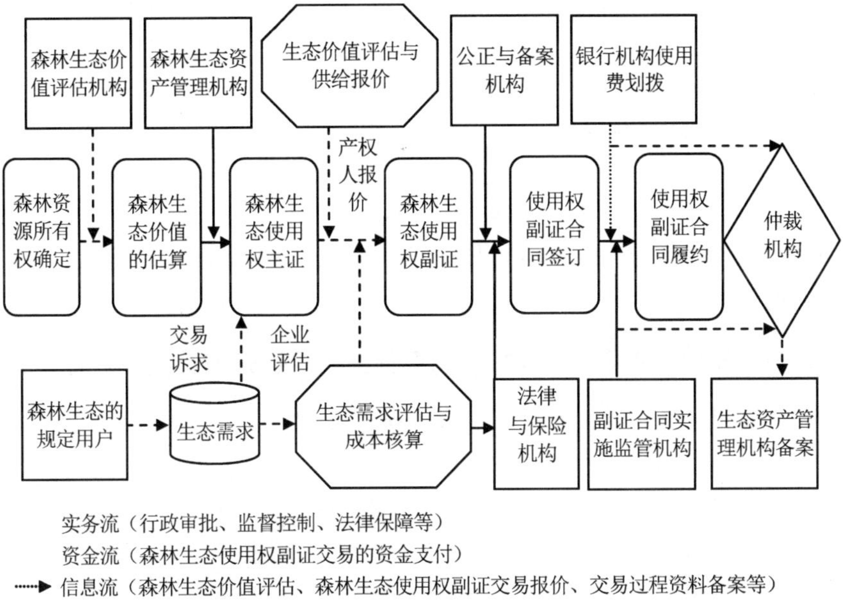

图 5-2　基于自发组织的森林生态服务使用权证私人交易流程图

Fig. 5-2　Procedural figure of forest ecological use right certificate's private trade based on spontaneous organization

(1)林权改革制度的制定和实施为确立森林生态服务资源产权归属提供了制度规范和法律保障；随后，森林生态资产管理机构需要对分配给不同主体森林区域的森林生态服务价值进行评估，制发森林生态服务使用权主证。

(2)森林生态服务的规定用户对自身所需的森林生态服务使用权副证进行界定，寻求拥有森林生态服务使用权证的主体并提出交易诉求，规定用户和产权人分别对森林生态服务需求量、供给量进行评估和交易报价，经双方洽谈协商后，达成规定用户所需的森林生态服务使用权副证交易意向。

(3)森林资源经营者与规定用户通过协商博弈，对界定区块的森林生态服务使用权副证确定价格并签订正式合同，森林生态服务资产管理机构需要对合同进行审定、公正和备案，确认合同的法律效力，保障森林生态服务资产供需合同的合法性。

(4)森林生态服务资产管理机构应该下设专门的合同履行监管部门，对森林生态服务资产转让资金划拨(针对规定用户)和森林生态服务供给(针对森林生态服务资产经营者)进行双向监督管理，保障森林生态服务使用权副证合同的顺利履行。

(5)森林生态服务资产管理机构应该下设专门的合同争议仲裁管理部门，对森林生态服务资产经营者和规定用户针对合同履行提出的仲裁申请进行调查、评估和判定，如合同双方对最终仲裁结果有异议，在规定时间内提出上诉并备案。

5.2.2　基于政府导引的森林生态服务使用权证开放交易市场体系

政府把森林生态服务定义为可以转让的商品，建立森林生态服务使用权副证交易场所，实现多方供给、多方求购、开放的森林生态服务资源配置模式，如图 5-3；在市场体系建设进程中，存在如下操作流程：

(1)森林生态资产管理机构需要对分配给不同主体的森林生态服务价值进行评估，制发森林生态服务使用权主证。产权人提出不同森林生态服务使用权副证的报价和挂牌申请，经森林生态服务使用权副证交易所审核后，在所内发布副证挂牌信息。

(2)规定用户对所需的森林生态服务使用权副证进行界定，核算森林生态服务需求量和成本，向森林生态服务使用权副证交易所提出购买诉求，经审核后在交易所内发布副证诉求信息，洽谈协商后签订合同。

(3)森林生态服务使用权副证交易所需要确定准入标准，对经营者副证挂牌申请和规定用户求购诉求的合法性、规范性、时效性等内容审定，从入口把关保障森林生态服务使用权副证交易所的运行效率。

(4)森林生态服务资产管理机构应下设专门的交易管理委员会，对交易所内森林生态服务使用权副证转让价格和合同签订进行监督管理，确认森林生态服务使用权副证合同的法律效力。

(5)由森林生态服务资产管理机构常设的合同监管部门和仲裁部门，对交易所内森林生态服务使用权副证合同的履行情况进行监管，并对由使用权副证合同履行引发的争议进行仲裁并备案。

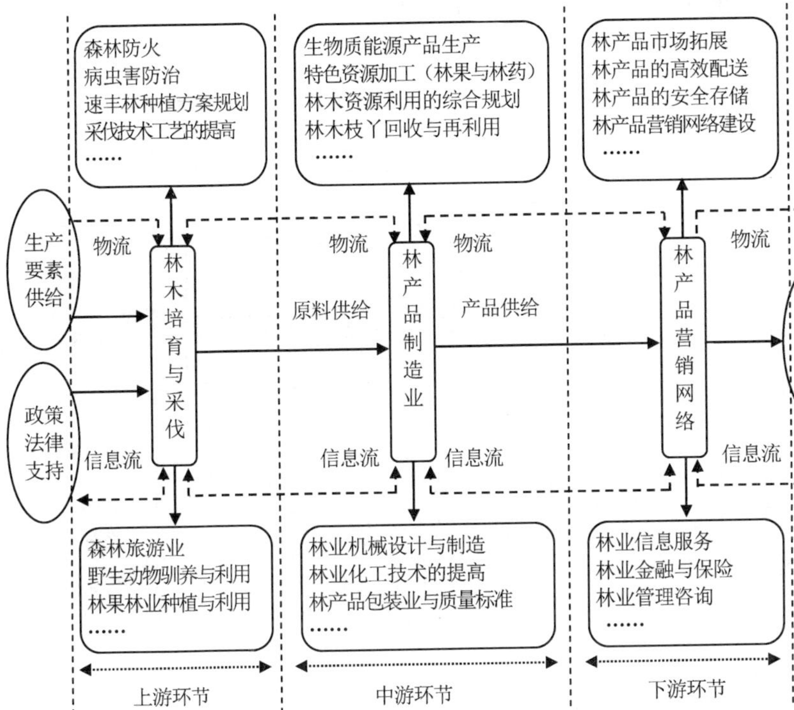

图 5-3 基于政府导引的森林生态服务使用权证开放交易流程图

Fig. 5-3 Procedural figure of forest ecological use right certificate's open trade based on governmental guidiance

5.2.3 基于政府调控的森林生态服务使用权证公共支付市场体系

政府为了森林生态服务的代际公平享有，实施生态补贴税缴纳、森林生态建设资金征集等财政与货币政策体系，向森林生态服务公共品的经营和供给方拨款补贴公共服务项目，如图 5-4；在市场体系建设进程中，存在如下操作流程：

(1)在公共支付市场体系中，森林生态服务使用权副证的政府购买由规定用户承担资金筹集，森林生态服务资产管理机构下设公共支付管理部门，依据对森林生态服务使用量设立标准并界定规定用户，确定公共支付的资金承担方——规定用户。

(2)森林生态资产管理机构组织有关专家，界定需要实施森林生态恢复工程建设的森林区域，对不同区块的森林生态服务价值和补贴资金进行核算，确定需要征集的森林生态补贴资金规模。

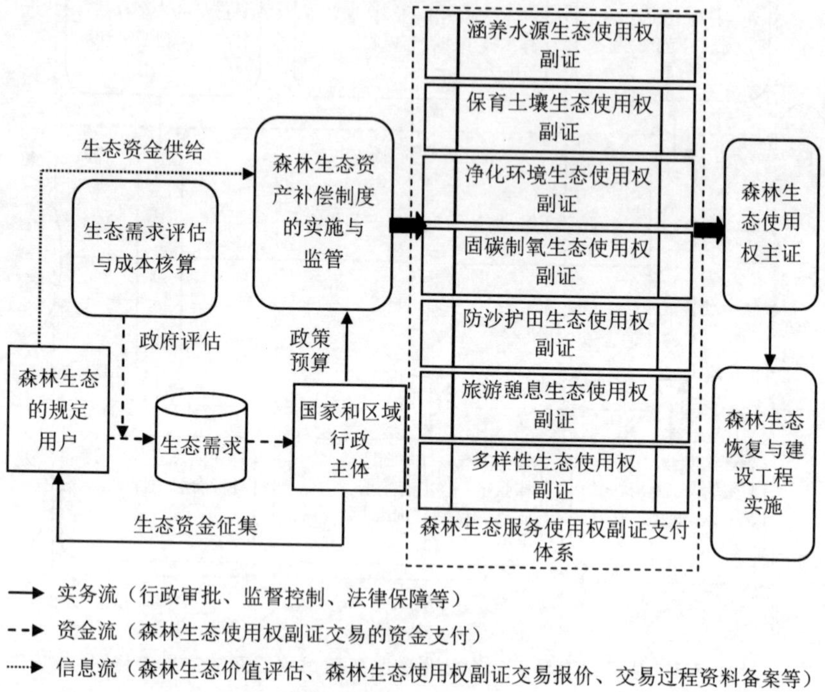

图 5-4 基于政府调控的森林生态服务使用权证公共支付流程图

Fig. 5-4 Procedural figure of ecological use right certificate's public payment based on governmental regulation

(3)森林生态服务资产管理机构下设的公共支付管理部门，依据对应该由各区域规定用户承担的森林生态服务资产公共支付量的价值估算，向国家和区域政府提交评估报告，行政执行森林生态税、森林生态建设资金等财政货币政策，筹集森林生态服务使用权副证公共支付的补贴资金。

(4)森林生态服务资产管理机构下设的公共支付管理机构，需要对森林生态服务资产补偿制度的实施进行监管，对出现的生态建设资金挪用、补贴政策落实不利等现象进行披露和向上报告，确保公共支付市场体系的良性运转。

(5)森林生态资产管理机构，向不同森林区块投放森林生态补贴资金，组织管理森林生态恢复与建设工程，以统筹管理、公共支付的方式保障森林生态服务的有偿使用和合理补偿。

综上所述，资产化和市场化机制的缺失是森林生态服务资源供需失衡的本质根源，森林生态服务使用权证制度的建立，是合理配置森林生态服务资源的可实践路径；本书依据政府参与程度构建三种主要的森林生态服务使用权证交易模式，并剖析对应交易市场体系建设进程中操作流程，为森林生态服务资源市场化提供新颖的分析视角和实践方案。限于文章篇幅和个人精力，本书将在今后的科研工作中对如下问题开展深入研究：

(1)本书提出森林生态服务资产化理念，需要进一步建立基于使用权证制度的森林生态服务资产化模型，将森林生态服务资产双向植入经营者和规定用户的经营管理决策体系，从数理视角剖析和验证森林生态服务使用权证资产化的经济学内涵。

(2)本书阐述森林生态服务使用权证制度，提出政府成立森林生态服务资产管理机构，需要对森林生态服务资产管理机构的部门构成分析与管理职能进行界定，深入剖析各个职能管理部门在森林生态服务使用权证交易市场体系中的调控机制。

(3)本书的研究主题：森林生态服务资产化与多级交易市场体系建立，仍处于理论探讨的初级阶段，需要进一步选择实验区块开展实证研究，对森林生态服务资产化方式与私人交易、开放交易和公共支付三级市场体系的运行机制进行完善和重构。

5.3 本章小结

公共品属性以及由此引致的正负外部性是森林生态服务供需失衡的内在原因，本节基于使用权制度的森林生态服务资产化理念，剖析森林生态服务使用权主证、副证价值的经济学内涵和内在关联性，构建包括基于自发组织的森林生态服务使用权证私人交易、基于政府导引的森林生态服务使用权证开放交易、基于政府调控的森林生态服务使用权证公共支付等三种主要模式的多级交易市场体系，为突破森林生态服务资产化与市场化的瓶颈问题提供新颖的研究视角。

6 环境要素内生驱动的经济增长理念与国有林区产业集群

在不破坏国有林区区域系统内部生态环境、促进国有林区对外部区域系统发挥森林生态服务效益的基础上，建立环境要素驱动的区域产业集群，是实现国有林区区域可持续发展系统脆弱性优化调整的经济层面保障；本章节基于环境要素内生化的经济增长理念，分析环境要素引力场对产业集群的吸聚效应，并描绘了国有林区生态环境要素内生驱动的产业集群建设框架，解析国有林区森林生态服务功能区块、循环与低碳经济产业区块、生态环境要素内生驱动的新兴产业区块的建设过程，为切实地降低国有林区的发展脆弱性提供产业集群方案。需要重点说明的是，在保障林区生态环境逐步恢复的情况下，国有林区循环与低碳经济产业区块迅速发展并提升产业结构高度和集约化，会吸引林产工业相关供应产业的集聚，是环境要素内生化增长理念发挥作用的基本前提；然而，基于国有林区现实的人力资源、技术储备、财政资金以及行政能力，无法在短期内促进国有林区林产工业的产业结构高度和集约化达到一个相对满意的程度，需要获得国家财政、产业、与科技政策的大力支持。因此，需要基于系统的视角建设国有林区环境要素内生驱动的产业集群，只有国有林区循环与低碳经济产业区块达到一定的产业结构高度和集约化程度时，才能较少国有林区生态环境的脆弱性并促进林区经济增长的可持续性，继而完善林区内部交通环境、通讯网络、公共安全、电子政务、绿化体系的建设工作，从而使环境要素内生化的驱动作用得以充分发挥并体现出放大效应。

6.1 环境要素内生驱动的产业集群增长模式

6.1.1 植入环境因素的生产函数分析

美国等西方发达国家20世纪70年代以后的经济发展实践表明，环境管制从长期角度来看，促进了生产效率的提高，激励了技术创新，对长期经济增长产生显著的正向效应，作为成长动力的资本边际产出率是递减的，所以从长期角度来看会出现增长率为零的一种常态。Romer(1986)把技术进步内生于增长模型里，提出内生增长理论，强调可以通过积累知识资本、人力资本的方式，抵消物质资本的规模收益递减性；知识资本、人力资本的积累将会给社会整体带来效应，可以称之为技术进步所带来的“辐射效果”。

Romer模型假设经济中有四种基本投入：资本(K)、劳动(L)、人力资本(H)和知识资本(A)，经济中有三个部门：知识生产部门、中间产品生产部门和最终产品生产部门。该模型虽然考虑了人力资本，但人力资本被视为外生变量。本书在尹静[106]以及贺俊[107]对Romer模型进行改进的研究成果基础上，将人力资本内生化在劳动部门(L)内、知识资本内生化在科技部门(T)内，这样经济中就有三个部门。

本书将环境要素引入生产函数，β表示环境系统改进带来的放大/收缩系数，当不考虑环境要素系统调节器(β系数)影响时，则$\beta = 1$，表示环境要素的投入对产出无额外的增效作用；当考虑环境环境因素调节器的影响时，$\beta < 1$表示产出低于常规产出，即缺失环境要素的代价为单位投入得到的产出减少；$\beta > 1$表示产出高于常规产出，即充足环境要素投入的效用为单位投入得到的产出增加。因此，考虑环境因素的总量生产函数为：

$$Y_{(t)} = [K_{(t)}{}^{\alpha_K} \times L_{(t)}{}^{\alpha_L} \times T_{(t)}{}^{\alpha_T}]^{\beta}; \alpha_K + \alpha_L + \alpha_T = 1;$$
$$\alpha_K, \alpha_L, \alpha_T, \beta(t-1) > 0 \tag{6-1}$$

$$\beta_{(t-1)} = F(x_i, f(x_i, x_j, \gamma_1, \gamma_2, \gamma_3, \gamma_4, \gamma_5, \gamma_6, \gamma_7)), i \neq j, i = \{1, 2, \cdots 7\}$$

x_i — 区域产业集群的核心驱动环境要素；

x_j — 区域产业集群的衍生驱动环境要素；

x_1 — 生态环境要素；x_2 — 政治环境要素； (6-2)

x_3 — 区位环境要素；x_4 — 交通环境要素

x_5 — 科技环境要素；x_6 — 文化环境要素；x_7 — 安全环境要素

$\gamma_1, \gamma_2, \cdots \gamma_7$ — 七种主要环境要素的调控系数

在公式(6-1)所示的植入环境因素的总量生产函数之中，需要特别说明的是：

(1)x_i代表的核心驱动环境要素可能是七种环境要素的任何一种或几种环境要素组合。

(2)β代表的环境要素系统调节系数受到七种环境要素的综合影响，但以核心驱动要素 x_i为主。

(3)$\gamma_i(i = 1, 2, \cdots, 7)$代表七种环境要素与环境要素系统调控系数$\beta$之间的作用系数，其具体的函数表达式依据具体的区域系统特点而有所变化，并可以结合具体的区域系统数据演算推导，此类内容在今后科研工作中会开展研究，本书不作深入探讨。

6.1.2 环境要素引力场对产业集群的吸聚效应分析

产业集群是中观层面上的集成现象，是社会系统的一个集成单位。环境要素“引力场”是指充斥在区域系统内产业集群的能力空间，对位于该空间的相关产业具有的吸引作用，该种引力作用具有递进性。首先，区域的环境要素系统为产业集群提供良好的成长环境，具有吸聚作用；随后，产业集群的形成创造了产业链上下游企业间的协作需求，该种需求一方面加强企业间的凝聚力和集群度，另一方面对区域系统外的相关企业进入区域系统参与产业链协作分工产生极强的利益驱动；最后，产业链上下游产业集群的形成降低了企业间的社会交易成本，有利于集群内产业、企业加快资本循环和提高盈利能力。

综上所述，环境要素系统的吸聚作用是区域系统内产业链上下游产业集群的本质驱动力量，吸聚作用是区域环境要素系统对产业集群规模和质量进行综合分析的科学视角，环境要素系统“引力场”能够完整反映出区域系统内产业集群的生命力以及对集群内外企业的吸引力。产业集

群的发展对环境要素系统越依赖，意味着环境要素系统对该产业集群的“引力场”越大，“引力场”是个矢量，力作用的方向在集群与企业的连线上。

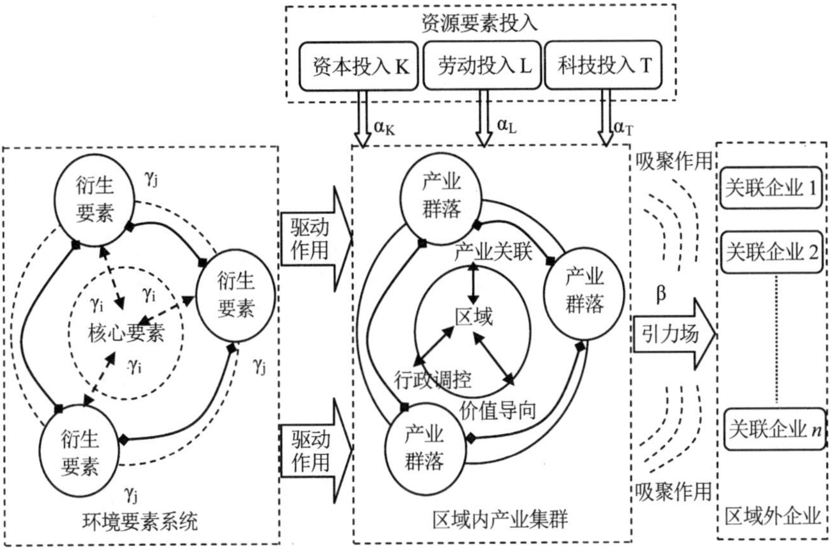

图 6-1　产业集群的环境要素引力场吸聚作用示意图

Fig. 6-1　Adsorptive effection's sketch map of environmental element's gravitational field of industrial cluster

在集成管理研究中，将自然系统的引力场引入到社会集成系统中来思考社会系统的集成问题，认为社会集成系统属于非“超距”元素的集成现象，集成元素之间存在着集成吸聚力，参照其计算公式[184,185]，提出环境要素系统对产业集群吸聚的“引力场”、产业链上下游集群企业之间吸聚的“引力场”分别如公式(6-3)和公式(6-5)所示。

6.1.2.1　环境要素系统对产业集群吸聚的“引力场”的分析

$$G_t = G(Q_i(t), QW_i, D_i^+(t), D_i^-(t), q_i(t), qw_i, d_i^+(t), d_i^-(t)) \quad (6\text{-}3)$$

在区域环境要素系统对产业集群吸聚能力的研究中，式(6－3)可以表述为：某一时点(t)的环境要素对指定产业集群的“引力场”(G)，通常而言，在分析与测度引力场G时，通常关注如下问题：

(1)产业集群对区域环境要素系统的影响$Q_i(t)$(例如，区域系统在引入某一产业集群后，该产业集群能够解决区域系统的就业人口数、完成的利税、污染排放、资源利用率等等指标；这些影响有正向的也有负向的，正向的指标越大越好，负向的指标只要不超过区域系统要求的阈值，也可接受）。

(2)环境要素系统为产业集群发展所提供的成长条件 $q_i(t)$（例如，区域系统为产业集群快速发展提供的劳动力成本与素质、资本投资环境、科学技术储备、交通物流网络等等，这些指标有正向的也有负向的，正向的指标越大越好，负向的指标只要不超过产业集群发展所要求的阈值，也可以接受）。

(3)QW_i、qw_i 表示 $Q_i(t)$ 与 $q_i(t)$ 的权重，不同环境要素的现状对产业集群成长的影响程度 $q_i(t)$ 具有明显差异（例如，软件行业较为关注区域系统内是否有高素质的专业技术人员，而旅游行业更为关注区域系统是否有足够引人入胜的景点、良好生态环境和便捷的交通网络），区域系统对产业集群产生多种影响力的程度不同（例如，国有林区更为关注产业集群的排污情况、其次才是解决就业和完成利税等指标），对于不同的区域系统而言，QW_i、qw_i 都受到区域系统环境要素调控系数 β 的影响。

(4)$D_i^+(t)$、$D_i^-(t)$ 分别表示 $Q_i(t)$ 的理想值与实际数值的差异[例如，区域系统要求产业集群能够解决 10000 人的就业，而该产业集群只解决了 5000 人左右的就业，则该种未能达标的差异即用 $D_i^-(t)$ 来表示，会造成引力场 G 的下降，与 G 成反向变动关系；同理，区域系统要求产业集群完成利税 1000 万元，而该产业集群实际完成了 1500 万利税，则该种超额完成的差异即用 $D_i^+(t)$，会造成引力场 G 的上升，与 G 成同向变动关系]。同理，$d_i^+(t)$、$d_i^-(t)$ 分别表示 $q_i(t)$ 的理想值与实际数值的差异，其中 $d_i^+(t)$ 与引力场 G 呈同向变动关系，而 $d_i^-(t)$ 则与引力场 G 呈反方向变动关系，$D_i^+(t)$、$D_i^-(t)$、$d_i^+(t)$、$d_i^-(t)$ 等指标实际上都是 $Q_i(t)$、$q_i(t)$ 的衍生指标。

对于公式(6-3)所示的某些函数变量，可以进一步开展研究，获得如公式(6-4)所示的函数关系。

$$
\begin{aligned}
&QW_i, qw_i = M(\beta_t) = M(F_t(x_i, f(x_i, x_j, \gamma_1, \gamma_2, \gamma_3, \gamma_4, \gamma_5, \gamma_6, \gamma_7))), i \neq j \\
&Q_i(t) = Q_i^t(y_1, y_2, \cdots y_m), q_i(t) = q_i^t(z_1, z_2, \cdots z_n) \\
&D_i^+(t) = (Q_i - Q_i^*) \times QW_i, Q_i \geq Q_i^*; D_i^-(t) = (Q_i^* - Q_i) \times QW_i, Q_i < Q_i^* \\
&d_i^+(t) = (q_i - q_i^*) \times dw_i, q_i \geq q_i^*; d_i^-(t) = (q_i^* - q_i) \times qw_i, q_i < q_i^*
\end{aligned}
\tag{6-4}
$$

在公式(6-4)之中，需要特别标注如下几点：

(1)Q_i^* 代表区域内第 i 个环境要素对产业集群对区域系统产生所产生某个方面影响力的理想标准(例如，区域系统期望某个产业集群能够解决 10000 人左右的就业)；q_i^* 代表产业集群在区域系统内成长对区域内第 i 个环境要素的必要需求水平(例如，某个产业集群期望区域系统至少能够提供 2000 名具有较强专业技能和较低工资成本的熟练技术工人)。

(2)本书提出应用引力场公式计算区域环境要素系统对产业集群的吸聚能力，能够比较恰当地描述函数关系和解释公式内各个参量的经济内涵，对于公式的合理性改造和精确描述将在今后的科研工作中进一步开展研究。

(3) x_1 到 x_7 代表环境要素系统吸聚能力系数 $E(t)$ 的 7 个二级细化指标。E(t)得分由它的二级指标得分与相应的七个环境要素的调控系数 $\gamma_i(i=1, 2, \cdots, 7)$ 计算而来。y_1 到 y_m 代表区域环境要素系统对产业集群需求程度各个参量 $Q_i(t)$ 的 m 个二级细化指标，$Q_i(t)$ 得分由它的二级指标得分与相应的指标权重线性加权而来。z_1 到 z_n 代表产业集群成长条件对区域环境要素系统需求水平的各个参量 $q_i(t)$ 的 n 个二级细化指标，$q_i(t)$ 得分由它的二级指标得分与相应的指标权重线性加权而来。需要指出的是，本书仅探讨区域环境要素系统引力场对产业集群吸聚能力的计算公式，对于公式中 $Q_i(t)$、$q_i(t)$、QW_i、qw_i 等参量的计算方法将在今后的科研工作中开展进一步深入研究。

6.1.2.2 产业链上下游集群企业之间吸聚的“引力场”分析

$$g_t = g(e(t), P_i(t), PW_i, C_i^+(t), C_i^-(t), p_i(t), pw_i, c_i^+(t), c_i^-(t)) \quad (6\text{-}5)$$

在产业链上下游集群企业之间吸聚能力的研究中，式(6-5)可以表述为：某一时点(t)的产业链上下游集群企业之间吸聚的“引力场”(g)，与区域系统在这一时点上下游产业之间的吸聚系数，即上下游产业在区域系统内资源共享、生产技术协作的紧密度，在不同的区域系统中不同上下游产业间的吸聚系数是不同的($e > 0$，假定：正常紧密度，$e = 1$；较高紧密度，$e > 1$；较小紧密度，$e < 1$；紧密度越差，e 值越小。)成同向变动关系，与产业链上游集群企业对产业链下游集群企业的需求程度($\Sigma P_i(t) \times PW_i$，$P_i$ 为在区域系统内上游集群企业第 i 个成长条件对

下游集群企业的需求程度，例如，纺织行业需要准确地掌握时装制造厂商对面料的技术标准和供货要求，PW_i 为权重）、产业链下游集群企业对产业链上游集群企业的需求程度（$\Sigma p_i(t) \times pw_i$，$p_i$ 为在区域系统内下游集群企业第 i 个成长条件对上游集群企业的需求程度，例如，汽车装配制造业需要汽车零配件制造业能够及时提供高质量的零配件，pw_i 为权重）直接相关，$C_i^+(t)$、$c_i^+(t)$ 为 $P_i(t)$、$p_i(t)$ 实际数值与预期数值的差异，即上游产业超指标地满足了下游产业成长的需求程度表示为 $C_i^+(t)$（例如，某个区域系统的时装制造厂家要求纺织厂能够为其提供 1000 元/平方米的 A 面料，而实际上纺织厂提供的 A 面料仅为 800 元/平方米），下游产业超指标地满足了上游产业成长的需求程度表示为 $c_i^+(t)$（例如，时装制造厂家大批量订购 A 面料，很好地消化了区域系统内纺织行业生产的 A 面料），这两个指标与 g 成同向变动关系；同理，$C_i^+(t)$、$c_i^-(t)$ 为 $P_i(t)$、$p_i(t)$ 实际数值与预期数值的差异，包括上下游集群企业之间的物流成本、生产技术非匹配度等多维影响因素未能达到预期标准等等情况，这两个指标与 g 显然呈现出反向变动关系。需要指出的是，本书仅探讨区域系统内上下游集群企业之间吸聚能力的计算公式，对于公式中 $P_i(t)$、$p_i(t)$、PW_i、qw_i 等参量的计算方法将在今后的科研工作中开展进一步深入研究。

6.2 国有林区生态环境要素内生驱动的产业集群建设框架

鉴于国有林区当前的发展脆弱性和大尺度区域系统对国有林区森林生态服务的长远需求，国有林区必然要建设和运行生态环境要素内生驱动的产业集群模式，只有生态型城市才可能孕育生态型产业集群，可以描绘生态环境要素内生驱动的国有林区产业集群布局框架如图 6-2，框架图包括三个主要部分：

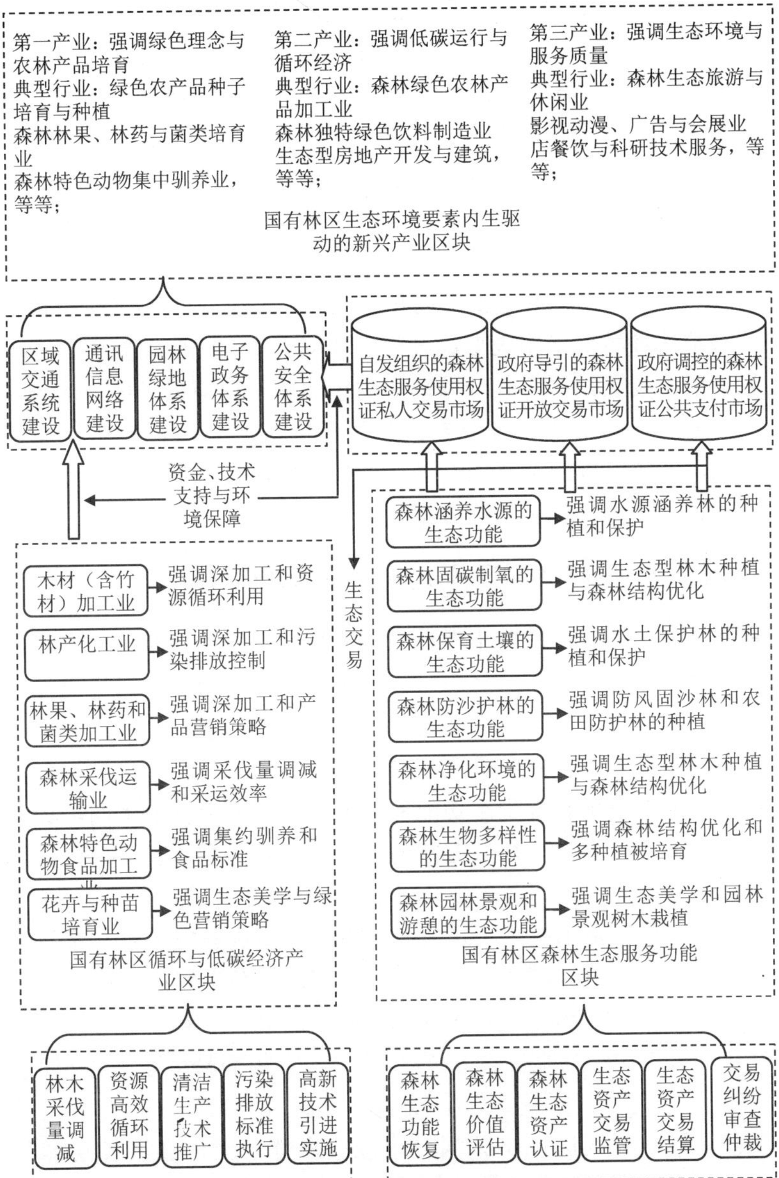

图 6-2 生态环境要素内生驱动的国有林区产业集群布局框架图

Fig. 6-2 Industry cluster's growth mode inner—driven by environment element of national forest area

(1)国有林区森林生态服务功能区块的建设，强调以森林生态产业与基于森林生态使用权证的多级交易市场体系建设为核心。

(2)国有林区循环与低碳经济产业区块建设，强调以基于林权改革的森林资源利用方向与获取方式综合规划、基于动态监控与闭环管理的森林资源利用方式与循环使用的综合规划、基于信息化与物流配送网络整合的森林资源产品储运与营销网络的综合规划等三个链条环节的建设。

(3)国有林区生态环境要素内生驱动的新兴产业区块分析与建设，强调国有林区环境要素系统形成过程、环境要素系统驱动新兴产业集群的过程、引力场吸聚国有林区外部关联企业的过程等三个部分的解析和管理。综上所述，生态环境要素内生驱动的国有林区产业集群布局框架，为从产业集群视角降低国有林区的发展脆弱性、促进产业运行与森林生态的和谐发展提供了实施方案。

6.2.1 国有林区森林生态服务功能区块的分析与建设

森林生态服务功能的基本保障与逐步恢复是当前国有林区区域可持续发展的首要准则，国有林区内一切经济、社会活动均以严格遵循这一准则为基础，逐年调减采伐量并建设具有巨大生态服务功能的生态森林群落是林区当前需要开展的首要工作；需要特别指出的是，抛离经济发展、社会保障而空论森林生态功能的保障和恢复不啻空中楼阁，如何兼顾经济增长、森林生态、社会保障的协调发展是国有林区实现可持续发展的现实路径。

在第 5 章中，本书提出了国有林区森林生态服务资产化与多级交易市场体系的建设思路，其实质是以产业经营的视角来解决森林生态服务功能的合理补偿，国有林区涵养水源、固碳制氧、保育土壤、森林生物多样性等七大森林生态服务功能的产品化与市场交易体系建设(详细内容参见第 5 章，此处不再赘述)，是森林生态服务功能区块建设的基础支撑条件；国有林区应该单独划分出能够发挥巨大生态服务功能的区块，通过对森林生态服务产业的经营，国有林区可以实现产业运行与生态环境协调演进的生态型经济增长模式。

6.2.2　国有林区循环与低碳经济产业区块的分析与建设

森林资源是国有林区的宝贵财富，在不破坏森林生态服务功能的基础上，国有林区应该充分利用森林资源、建设资源循环利用与低碳运行的林业产业体系，林业经济增长方式必须实现由粗放型向集约型转变；如图 6-3，本书将国有林区的林产工业体系划分为上游、中游、下游三个产业链条环节，不同的产业链环节对森林资源的高效与循环利用，是国有林区建设循环与低碳经济产业区块的核心支撑基础。

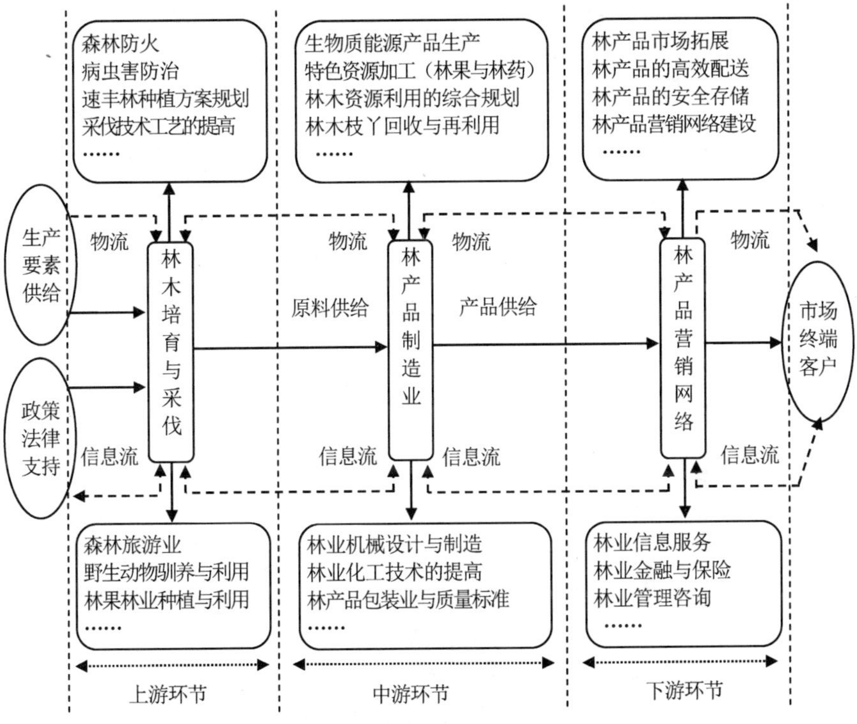

图 6-3　国有林区低碳经济产业区块的建设框架图

Fig. 6-3　Constructure framework of Low－Carbon Economic industry cluster of national forest area

6.2.2.1　上游环节解析

森林资源利用方向与获取方式的综合规划。中央和地区政府需要综合规划国有林区内不同森林资源的使用方向与使用方式，对于能够发挥重要生态功能的森林区块与树种进行保护和逐步恢复，对于能够用于工业与商业使用的速丰林与林业副产品(林果、林药与特色动植物资源)进行大规模的规划种植、采伐和驯养，有效地提高森林防火、防虫害、采伐工艺、仓储运输的技术水平；国有林区需要以林权改革为着力点，进一步对林权试点区块内的各种森林资源进行分类经营(主要包括森林生态资源、森林林木资源、森林林下产品、森林旅游资源等四种经营方向)，打造多样性的森林资源获取收益的模式，从源头掌控森林资源的利用方向与获取方式，如图 6-4。

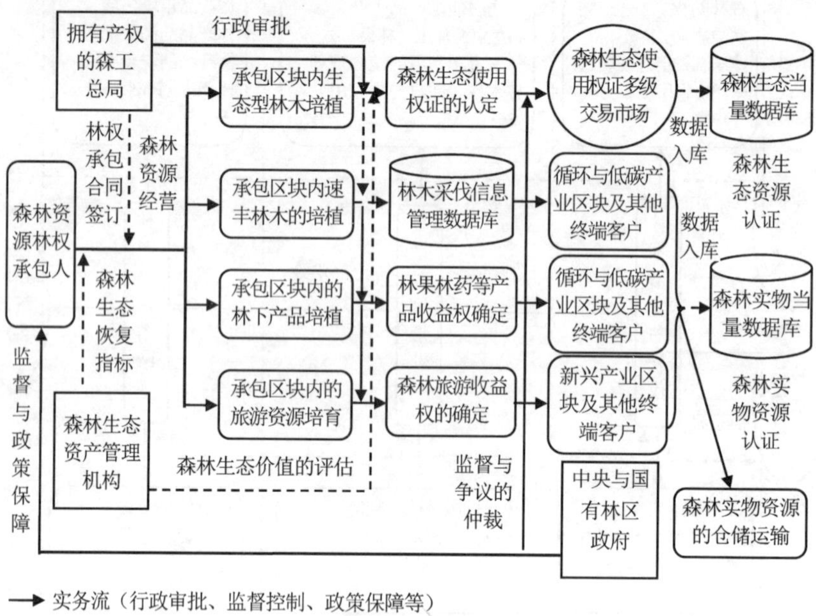

图 6-4　森林资源林权承包管理的框架流程图

Fig. 6-4　Procedural figure of forest resource right's contracting management

结合图 6-4，为促进森林生态功能的逐步恢复与森林资源利用方向与获取方式的综合规划，国有林区需要以林权改革为切入点理顺森林资源使用权、所有权与经营权的混乱关系，拓展林户通过经营森林资源获取收益的渠道。在此方案中，森林生态资产管理机构作为第三方机构，需要对林户承包区块内的生态型林木培植树种的数量、结构以及补偿标准进行规定，促进与协调林户与森林总局签订林权承包合同，林权承包合同对通过培植生态型林木获取的生态功能收益、通过培植速丰林木获取的木材供给收益、通过培植林下产品获取的绿色产品收益、通过培育森林旅游资源获取的特色旅游收益等四种主要经营方向的收益权和分配方式进行界定；其中，对于林权承包人培植形成的具有生态功能的森林资源，森林生态资产管理机构为其认定并颁布森林生态使用权证，允许林户在森林生态服务市场上转让生态使用权证以获取收益(森林生态使用权证的认定、价值测算与市场交易方式，参照第 5 章的相关研究内容)，并将承包区块的森林生态当量信息录入数据库；对于林权承包人培植形成的速丰林木材、林下产品以及森林旅游资源，分别输送到循环与低碳产业区块、新兴产业区块以及其他终端客户，并将相关的信息录入森林实物当量数据库，便于与国有林区其他数据库对接以加强信息化管理水平。此外，中央与林区政府需要履行必要监督与政策保障职能，对于未能实现预期目标的林户进行必要的经济惩罚甚或剥夺其林权，针对性地引入森林资源经营性保险方案，一方面降低林户经营森林资源与国家恢复森林生态功能的风险，另一方面为国有林区金融业的发展提供了一种独特的金融产品。

6.2.2.2　中游环节解析

森林资源利用方式与循环使用的综合规划。中游环节是对可工商业化的森林资源的机械加工与产品实体化过程，也是体现森林资源利用效率和污染排放程度的主体环节；中游环节需要基于 3R 原则对森林资源在产业链条中的流动方式进行控制与再造，切实地提高森林资源的利用效率和循环使用，即打造森林资源利用方式的综合规划。对于林产工业的低碳运行模式建设而言，国有林区需要实行清洁生产，形成新的工业技术范式，重视林业机械设计与制造技术、林业化工技术以及林产品包装业和质量标准的提高，以全过程控制的污染防治战略取代末端处理为主的污染防治战略，以森林资源的在全产业链条内的高效循环利用取代盲目追求林木采伐量的提高。参照丹麦卡伦堡生态工业园的建设思路，可以建立以“循环与低碳产业区块信息管理与控制中心”与“林木资源管理与配给办公室”为核心管控部门的园区管理方案，如图 6-5。

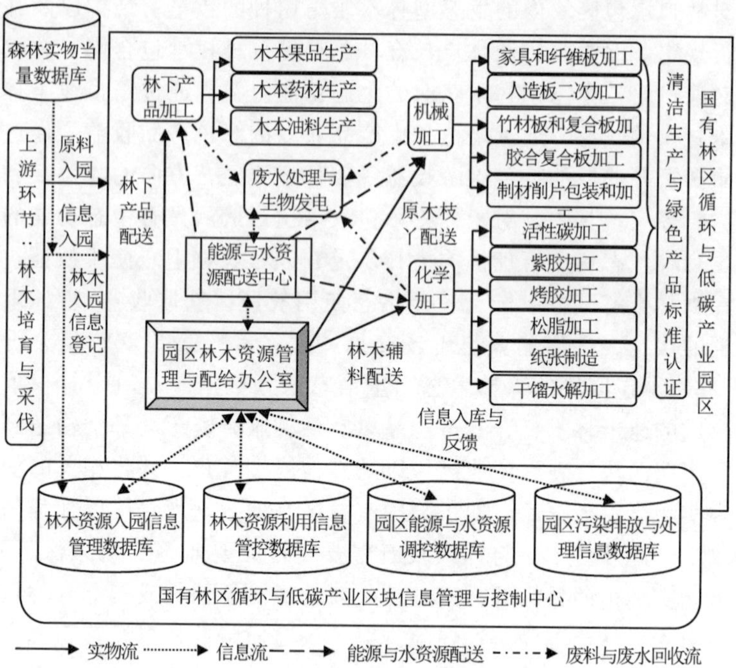

图 6-5　国有林区循环与低碳产业园区管理流程图

Fig. 6-5　Constructure framework of Low-Carbon Economic industry cluster of national forest area

结合图 6-5，在此管理体系下，建立完备的国有林区循环与低碳产业区块信息管理与控制中心，是实现循环与低碳产业区块动态监测及闭环循环的基本前提，通过与森林实物当量数据库(图 6-4 中的标识)的对接，园区林木资源管理与配给办公室可以对各类森林资源进行森林认证与信息录入；通过对林木资源利用信息管控数据库、园区能源与水资源调控数据库、园区污染排放与处理信息数据库的完善，园区林木资源管理与配给办公室可以动态地监测园区内各类资源、能源、水利、废料回收、污染排放、生物发电等方面的实时信息，继而为“国有林区林木资源管理与配给办公室”依据不同产业环节的资源与能源需求进行最优配送与利用，提供必要的决策参考信息；此外，园区全信息化管理与控制机制的实现也能够有效地杜绝了“无身份”的盗伐林木资源进入林产工业系统；清洁生产与绿色产品标准认证体系的建立，为国有林区下游产业环节的“绿色化”产品输送提供了制度保障。

6.2.2.3 下游环节解析

森林资源产品储运与营销网络的综合规划。森林资源的产业链条出口为市场终端客户，为其提供充分地森林资源产品信息与配送渠道，是整个产业链条实现商业价值和维系资金周转的核心环节，需要林业信息服务、林业金融与保险、林业管理咨询等多个企事业或者职能部门的有效支持；国有林区政府与企事业单位主体需要共同来建设通畅的信息渠道，避免因信息不对称流失潜在的市场客户群体，更应该分产业、分链条环节地整合国有林区整个配送体系和营销网络，打造具有整个森林资源产品体系的品牌价值和销售渠道，实现高效、安全、低成本地存储和配送森林资源产品。下游环节建设的核心是信息对外接轨，包括“森林产品信息综合管理系统”、“定制与期货信息综合管理系统”以及“物流配送信息综合管理系统”的完善，如图 6-6。

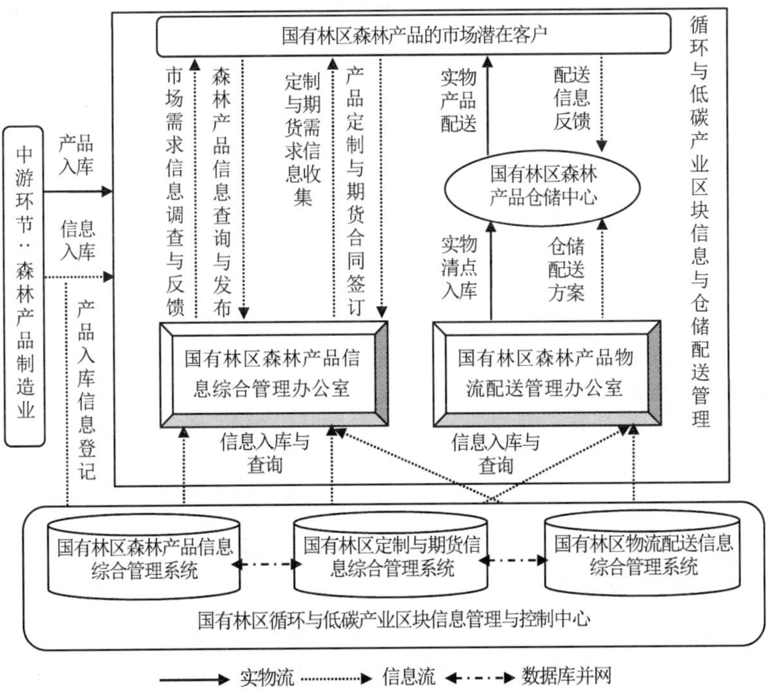

图 6-6 国有林区循环与低碳产业区块下游环节综合信息处理系统

Fig. 6-6 Comprehensive information system of Low－Carbon Economic industry cluster of national forest area

结合图 6-6，三个信息系统的建设与完善，一方面，能够为潜在消费者便捷地查询国有林区木材加工业、家具制造业、特色林果与林药制造业、森林绿色食品加工业的独特产品信息提供信息渠道，能够为潜在客户便捷地通过网络下单提供商业渠道，能够为潜在客户及时地获得预定产品提供物流渠道；另一方面，三个信息渠道的建设，也为国有林区生产与提供不同类别林区特色产品与服务的企事业单位扩大信息覆盖面、降低因信息不对称引发的生产与服务成本风险、甚或营造林区整体“绿色品牌”提供了必要的基础设施载体。

6.2.3 国有林区生态环境要素内生驱动的新兴产业区块分析与建设

生态环境要素是国有林区最为核心的独特资源，依据前文阐述的环境要素内生驱动的区域系统产业集群增长理念(图 6-1)，国有林区可以基于生态环境要素建设新兴产业区块(图 6-7)，逐步取代林产工业在国有林区经济体系中的主导和支柱地位，实现经济增长与生态环境的协调演进；生态环境要素内生驱动的新兴产业体系，是国有林区实现生态型、低碳型经济增长的产业基础保障。

6.2.3.1 国有林区环境要素系统形成过程的解析

国有林区对生态环境要素的培育与利用，是形成国有林区以生态要素为核心的环境要素系统，继而吸聚低污染、高附加值的新兴产业集群的核心环节。国有林区应该对具有城市森林生态功能的森林资源进行系统的规划，将森林生态与城市建设融为一体，不断完善交通环境要素、安全环境要素、文化环境要素、政治环境要素、科技环境要素、区位环境要素等衍生要素，围绕生态环境要素共同构成了国有林区独特的环境要素系统；在该环境要素系统中，生态环境要素对衍生要素的作用系数(γ_{12}，γ_{13}，…，γ_{17})与衍生要素对生态环境要素的反馈系数(γ_{21}，γ_{31}，…，γ_{71})经过一定关系的整合后，形成了对新兴产业集群的驱动作用。

国有林区的环境要素系统培育，实质是一种基于生态环境要素的循环经济样板区块的建设过程，国有林区应该融城市建设与生态绿化于一体，明确地界定林区内产业运行的循环标准、居民生活与消费的循环标准(例如，可以规定森林产品的绿色包装与消费，消除不必要的奢华外包装物，鼓励节能低污染地消费方式等等)，国有林区应该参照联合国教科文组织提出的“良好生态环境”的界定标准，对水质、绿化、空气等人类的基本生态需求提供一个高质量的供给，为新时期城市环境建设提供一个明确的、可行的生态标准。

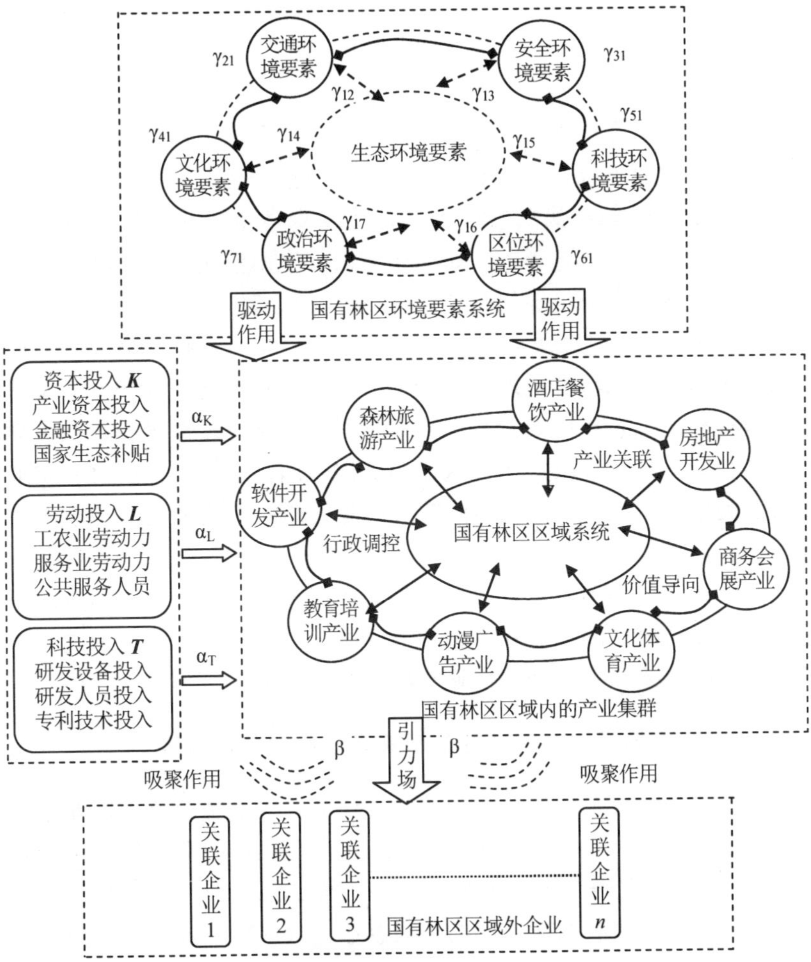

图 6-7　国有林区生态环境要素引力场吸聚产业集群的示意图

Fig. 6-7　Adsorptive effection's sketch map of environmental element's gravitational field of industrial cluster

6.2.3.2 国有林区环境要素系统驱动新兴产业集群的过程解析

国有林区核心环境要素(生态环境要素)与不同衍生要素(交通环境要素等)通过一定关系的整合后，可以驱动新兴产业集群在区域系统内的形成与发展。例如，生态环境要素与交通环境要素、安全环境要素、文化环境要素的整合能够有效地推动森林旅游产业的集群，这里需要特别强调的是，生态要素与文化要素的融合是一种深层次的、可缔造独特商业模式的资源整合，国有林区应该设计与推行生态型建筑风格，使城市楼宇建设风格本身就能够成为一种体现森林生态文化气息的独特资源，打造比照于广西艺谋刘三姐实景演出、洛阳清明上河园实景演出方式的，融森林生态环境、绿色建筑风格、文化营销品牌于一体的独特商业模式；再比如，生态环境要素与安全环境要素、科技环境要素、政治环境要素的整合能够有效地推动软件开发产业和动漫广告产业的集群等等。国有林区生态环境要素与不同衍生要素的整合，需要充足而有质量的资本、劳动与科技资源的投入作为支撑基础，三种资源通过一定的作用系数关系(α_K，α_L，α_T)为不同新兴产业集群的形成和发展提供了基础资源平台，搭建了独特的新兴产业集群模式并影响着其演进过程。此外，国有林区内部不同新兴产业之间的产业关联关系、政府的行政调控能力、企业与居民的商业和文化价值导向，均在不同程度上影响着新兴产业集群的效果和不同新兴产业集群的共生环境。

6.2.3.3 引力场吸聚国有林区外部关联企业的过程解析

国有林区以生态环境要素为核心的环境要素系统为新兴产业集群提供良好的成长环境，具有吸聚作用；新兴产业集群的形成创造了产业链上下游企业间的协作需求，该种需求一方面加强企业间的凝聚力和集群度，另一方面对国有林区外部的关联企业进入区域系统参与产业链协作分工产生极强的利益驱动；新兴产业链上下游产业集群的形成降低了关联企业间的社会交易成本，有利于新兴产业集群内处于不同位势的关联企业加快资本循环和提高盈利能力。国有林区生态环境要素系统的吸聚作用是新兴产业链上下游产业集群的本质驱动力量，吸聚作用取决于综合调控系数 β 的大小以及与处于不同新型产业链位势的相关企业间的作用关系。

此外，国有林区必须坚持以森林生态为中心的区域发展理念，要高度重视国有林区的环境承载力极限；国有林区需要动态地测度每一个外部企业进入国有林区带来的经济效益、就业效应等正向变量，以及外部企业消耗资源能源与破坏生态环境等负向变量，适度地控制国有林区新兴产业集群不同产业链环节的企业数目和经营规模，一方面避免同类功能企业过度集聚引致的恶性竞争风险、保障不同产业链环节企业获取合理经济收益并形成强有力的产业链整合竞争力，另一方面避免因过多企业进入国有林区而突破环境承载力极限、继而再次进入“先发展、后治理，小收益、大污染”的恶性发展循环；为实现对国有林区不同产业链环节企业进入与运行所带来正负效应的动态测度，必须建立强大的“国有林区新兴产业区块动态信息监测中心”，严格地管理和控制外部企业的进入与运行。

6.3 本章小结

区域系统的经济增长质量和增长方式取决于主导产业集群的形成，究其实质是驱使产业集聚的环境引力发挥作用。为切实降低国有林区区域发展脆弱性和林产工业运行脆弱性的优化调整方法，本节提出环境要素内生驱动的产业集群理念，依据场理论，阐释吸聚产业集群的区域系统环境要素场力效应，剖析不同环境要素驱动区域经济增长和产业集群的模式类别，并针对性地提出生态环境要素内生驱动的国有林区产业集群策略，为国有林区区域系统产业集群转移和升级的管理决策提供重要的参考信息。

7 实证分析：伊春国有林区可持续发展的系统脆弱性测评

7.1 伊春国有林区区域可持续发展的系统脆弱性测评

伊春位于黑龙江省东北部，与俄罗斯隔江相望，边境线长达249.5km。小兴安岭纵贯全境，行政区划面积3.3万km^2，辖1市、1县、15个区、17个林业局，总人口132万。伊春自然资源十分丰富，有林地面积380多万hm^2，森林覆被率为83.8%，活立木总蓄积量2.2亿m^3。伊春是由林木资源的大规模开发而兴建的城市。伊春国有林区是兼具生态地位战略性、林业战线代表性、经济结构典型性三种特性于一身的林业资源型区域，被作为全国林权和林业经济增长方式转型试点、具有国有林区显著特征的。在2006年1月4日召开的国务院第119次常务会议上，温家宝总理曾特别强调指出："伊春国有林区林权制度和林业经济改革试点是国有林区改革迈出的关键一步，对深化林业体制改革，促进林业可持续发展具有重大意义！"选择伊春国有林区作为实证对象，具有典型性和普视性，分析指标和分析方法对于测评全国不同地区国有林区发展脆弱性、继而制定优化调整方案具有重要的方法借鉴作用。

7.1.1 数据收集与综合指标测算

本书使用因子分析模型，并借助于SPSS 14.0统计软件的计算，分析并测评国有林区区域可持续发展(即国有林区区域生态位进化)的累积式脆弱性。选择伊春市 1999～2007 年度的相关统计数据，计算得到 22 个脆弱性评价指标相应的数值并开展实证研究(伊春市统计局，2008；2007；2006；2005；2004；2003；2002；2001；2000；1999)。

7.1.1.1 运用 SPSS14.0 软件求解协方差矩阵以及协方差矩阵的特征根和特征向量

对于因子提取方法，可以选择主成分法。该方法假设变量是因子的纯线性组合，第一成分有最大的解释方差，后续成分的可解释方差逐个递减。指定以分析变量的协方差矩阵作为提取因子的依据，计算出的主成分特征值及其贡献率(表 7-1)。可以看出前 4 个主成分已经包含了原始变量 92.5242％的信息量，超过 85％的阈值点，因此选择前 4 个主成分作为综合评价的公共因子。

表 7-1 因子特征值、方差贡献率及累计贡献率

Tab. 7-1 Total Variance Explained

成分	未旋转初始因子			旋转后的主因子		
	特征值	方差贡献率	累计方差贡献率	特征值	方差贡献率	累计方差贡献率
1	12.6847	57.6576	57.6576	6.6408	30.1854	30.1854
2	4.3490	19.7681	77.4257	5.9632	27.1053	57.2907
3	2.3399	10.6357	88.0614	5.6202	25.5463	82.8370
4	0.9818	4.4629	92.5242	2.1312	9.6872	92.5242

7.1.1.2 因子载荷矩阵的旋转

为了明确因子的意义，使各个因子得到合理的解释，往往要对初始因子载荷矩阵进行旋转。在旋转方法中，本书采用方差最大化方法。这是一种正交旋转方法，它使每个因子上的具有最高载荷的变量数最小，因此可以简化对因子的解释。原始指标经过求解因子模型和利用方差最大化正交旋转(Varimax)后可以得到因子载荷矩阵(表 7-2)。

表 7-2 主成分法因子载荷得分系数矩阵

Tab. 7-2 Component Score Coefficient Matrix

具体评价指标	成分			
	1	2	3	4
地区人均 GDP(元/人·年)	0.2727	−0.0264	0.0576	−0.0910
万元产值木材消耗量(立方米/万元·年)	−0.0071	0.0236	0.1404	−0.0442
万元 GDP 工业废气排放量(吨/万元·年)	0.0222	−0.0350	0.1766	−0.0068
万元工业增加值用水量(吨/万元·年)	0.0422	−0.0779	0.2229	0.0116
万元工业总产值的未达标废水排放量(吨/万元·年)	−0.0089	−0.0102	0.1696	−0.0071
万元工业总产值未利用固体废物排放量(吨/万元·年)	0.0203	0.0015	0.1523	0.0160
单位国内生产总值能耗(吨标准煤/万元·年)	0.0735	−0.0165	0.2368	0.0276
林业在岗职工人均林业产值(元/人·年)	0.2695	−0.0393	−0.0206	0.0115
非林产值占地区总产值比重(%)	0.1977	0.0500	−0.0933	−0.0308
林业经营活动减少活立木蓄积占总蓄积比率(%)	−0.0072	0.0290	0.1472	−0.0094
森林覆盖率(%)	−0.0239	0.2880	−0.0918	−0.0782
水土保持率(%)	−0.0134	0.2071	0.0138	−0.0046
封山育林面积占森林总面积比例(%)	−0.0155	0.1512	−0.0805	0.0001
每平方公里土地涵养水源量(万立方米/平方公里)	−0.0218	0.1477	0.0054	0.0421
空气达标指数(%)	0.0493	0.1414	0.0220	−0.0261
森林蓄积量增长率(%)	−0.0222	0.1711	0.0445	0.0649
恩格尔系数(%)	−0.0236	−0.0575	0.0363	0.2497
城镇居民人均可支配收入的购买力系数	0.1508	−0.0288	0.0618	−0.0510
失业率(%)	0.0581	0.0614	−0.0427	0.3204
城镇化水平(%)	−0.0206	−0.1276	−0.1525	0.2755
城镇居民人均社会保障、福利和卫生保健费用成本(元/人)	0.1230	−0.0061	0.0693	−0.0109
城镇人均年度教育经费购买力系数(1979 年为基准)	0.0480	0.0389	−0.1119	0.2947

7.1.1.3 对因子的解释

(1) 因子 1 的含义。由表 7-3 可知，因子 1 中地区人均 GDP、林业在岗职工人均林业产值、非林产值占地区总产值比重、城镇居民人均可支配收入的购买力系数和城镇居民人均社会保障、福利和卫生保障费用成本等指标的因子载荷得分系数较高，表明因子 1 集中体现了林业区域系统在人均产值创造能力和居民经济、福利保障能力方面的脆弱性。

(2)因子 2 的含义。因子 2 中森林覆盖率、水土保持率、封山育林面积占森林总面积比例、每平方公里土地涵养水源量、空气达标指数和森林蓄积量增长率等指标的因子载荷得分系数较高，表明因子 2 集中体现了林业区域系统在保障区域生态环境可持续发展和发挥生态服务功能方面的脆弱性。

(3)因子 3 的含义。因子 3 中万元产值木材消耗量、万元 GDP 工业废气排放量、万元工业增加值用水量、万元工业总产值未达标废水排放量、万元工业总产值未利用固体废物排放量、单位国内生产总值能耗和林业经营活动减少活立木蓄积占总蓄积比率等指标的因子载荷得分系数较高，表明因子 3 集中体现了在循环经济视角下林业区域系统发展承担资源环境成本层面的脆弱性。

(4)因子 4 的含义。因子 4 中恩格尔系数、失业率、城镇化水平和城镇人均年度教育经费购买力系数等指标的因子载荷得分系数较高，体现了林业区域系统在社会安定发展和居民公平、和谐生活层面的脆弱性。

7.1.1.4 国有林区区域生态位进化的累积式脆弱性评价综合因子的得分计算

国有林区区域生态位进化的各个层面的脆弱性因子得分为：

$$F_j = \sum_{i=1}^{26} b_{ij} \times x_i, (j = 1,2,3,4) \tag{7-1}$$

其中 b_{ij} 表示因子得分系数，x_i 为评价指标值(标准化后)。1999～2007 年度伊春市国有林区区域生态位进化的累积式脆弱性综合因子评分值为：

$$F = \sum_{j=1}^{4} d_j' \times F_j \tag{7-2}$$

其中，$d_j' = d_j / \sum_{j=1}^{4} d_j$，表示第 j 个公共因子的方差贡献率。各个因子得分和综合因子得分见表 7-3，进一步分析获得图 7-1、图 7-2 所示的评价结果分类图。

表 7-3　国有林区区域可持续发展系统脆弱性测评的各子因子及综合因子评分

Tab. 7-3　Scores of every sub－factor and synthetical factor of cumulative vulnerability lognitudinal evaluation in forestry area

分析单元	各子因子、综合因子评分和排序									
	因子 1	排序	因子 2	排序	因子 3	排序	因子 4	排序	综合因子	排序
1999 年	0.384	10	0.508	10	0.221	10	0.742	9	0.413	10
2000 年	0.408	8	0.586	9	0.367	9	0.822	3	0.492	9
2001 年	0.397	9	0.731	5	0.406	8	0.813	5	0.541	8
2002 年	0.433	7	0.749	4	0.538	7	0.850	1	0.598	7
2003 年	0.444	6	0.730	6	0.595	6	0.744	8	0.601	6
2004 年	0.454	5	0.703	8	0.773	4	0.824	2	0.654	5
2005 年	0.523	4	0.726	7	0.822	2	0.786	6	0.693	3
2006 年	0.576	3	0.787	2	0.678	5	0.758	7	0.685	4
2007 年	0.601	2	0.751	3	0.798	3	0.819	4	0.722	2
全国标准	1.000	1	0.882	1	0.999	1	0.686	10	0.934	1

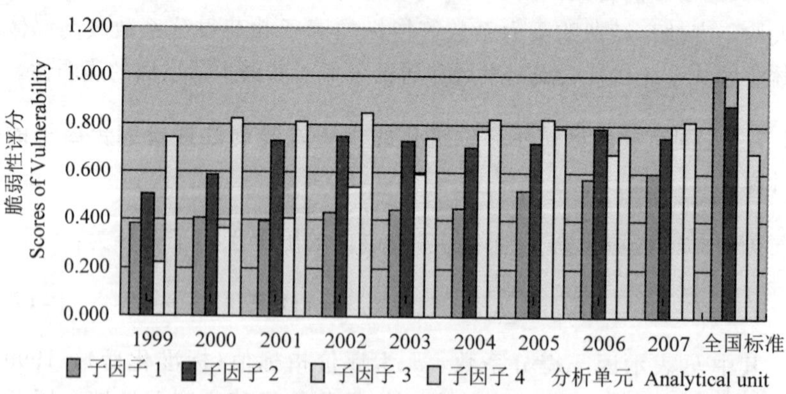

图 7-1　国有林区区域可持续发展的系统脆弱性各个子因子评价值

Fig. 7-1　Scores of every sub－factor of 1999～2007 annual cumulative vulnerability evaluation in forestry area

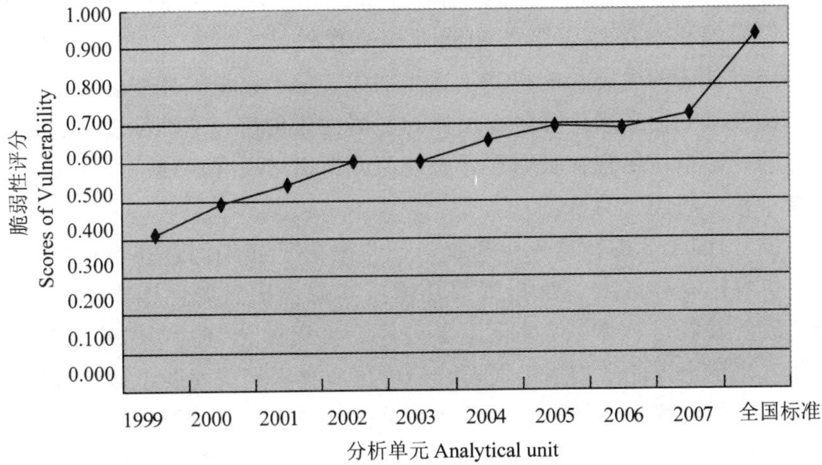

图 7-2　国有林区区域可持续发展的系统脆弱性综合因子评价值

Fig. 7-2　Scores of synthetical factor of 1998～2006 annual cumulative vulnerability evaluation in forestry area

7.1.2　测评结果的解析

实证研究中，经济层面和社会层面的相关指标以全国所有区域/城市的平均水平作为参照标准(参照标准的计算数据来自于《中国统计年鉴》系列)、生态层面和与林业产业系统密切相关的评价指标以全国林业区域的平均水平作为参照标准(参照标准的计算数据来自于《中国林业统计年鉴》系列)，通过实证分析获得 4 个子因子和 1 个综合因子的计算结果(表 7-3、图 7-1 和图 7-2)，对比分析 1999～2007 年伊春国有林区区域可持续发展的系统脆弱性，获得如下结论：

(1)由因子 1 的数据分布来看，1999～2007 年期间，伊春国有林区在人均产值创造能力和居民经济、福利保障能力层面的脆弱性在逐渐得到改善，但评分一直低于全国平均水平，且对比于全国标准而言差距仍旧很大，这表明伊春国有林区的经济发展水平较低、居民经济保障能力差，民众生活贫苦。此外，本书在实证分析部分以中国林业区域的平均水平为参考标准进行评价时发现，即便在林业系统内，伊春国有林区在人均产值创造能力和居民经济、福利保障能力层面的脆弱性程度也很高。

(2)由因子2的数据分布来看，伊春国有林区在保障区域生态环境可持续发展和发挥生态服务功能方面表现较好，1999～2007年期间，伊春国有林区的生态功能得到了逐步加强，如果以全国林业区域的平均水平作为参照标准来计算生态层面的脆弱性评价值，不难发现在林业区域间的对比中，尽管在脆弱性评价数值方面仍然没有达到平均水准，但是缩小差距的倾向明显。

(3)由因子3的数据分布来看，1999～2007年期间，在循环经济视角下伊春国有林区发展承担资源环境成本层面的脆弱性逐步得到了减缓，经济发展进程中“减量化、再循环、再资源化”的“3R”效应明显，然而对比于全国的平均水平而言，伊春国有林区经济发展承载资源环境层面的脆弱性程度仍然较高，尤其在单位国内生产总值能耗、工业增加值取水量以及万元GDP木材消耗量3个指标上的数值分别高出全国平均水平的67.89%、96.26%和65.64%，急需提高生产节能技术和工业重复用水率、木材综合利用率等指标，并切实地解决因居民“过冬烧材”造成的木材资源低效利用，以减轻经济发展所承载的资源环境成本。

(4)由因子4的数据分布来看，1999～2007年期间，伊春国有林区的社会安定发展和居民公平、和谐生活层面的脆弱性要好于全国平均水平，且脆弱性评价数值呈现稳定上升的趋势；其原因主要体现在两个方面：① 伊春国有林区以国有林场为支柱企业，国有体制下员工的淘汰率较低，很大程度上保障了失业率维持在一个较低的水平上(对比全国平均水平而言)；② 城镇居民的人口数比例一直较高，维持了城镇化率指标保持在85%的数值左右，而截至2007年底，全国的城镇化率水平只有42.99%；以上两项指标的优异数值形成了伊春国有林区脆弱性在社会层面获得较高评分。

(5)从综合因子的数据分布来看，1999～2007年伊春国有林区区域系统发展的整体脆弱性评价值稳步上升；从数值的差异对比不难发现，伊春国有林区区域系统的发展脆弱性在因子2、因子3上的得分和全国平均水平间的差异较小(尤其是2007年的情况)，在因子4上的得分更是明显优于全国平均水平，然而伊春国有林区区域系统发展的整体脆弱性评分值和全国平均水平间的差距却进一步拉大，造成这一“悖论”情况的直接原因是伊春国有林区发展脆弱性在人均产值创造能力和居民经济、福利保障能力层面的脆弱性程度过高造成的，即在因子1上的评价得分同全国平均水平相比差距过大。伊春国有林区脆弱性程度由狭义经济、生态功能、承载能力和社会和谐等几个层面决定，且在4个子系统间是协调互动的；起到首要驱动作用的狭义经济层面更是维持国有林区区域可持续发展的“起搏器”和“发动机”，因此从长期来看，不降低经济层面的脆弱性程度必然会造成国有林区的崩溃。

7.2 伊春林产工业驱动的国有林区区域系统脆弱性测评

7.2.1 实证数据收集与测算

本书使用Entropy－Topsis评价模型，并借助Matlab7.0工程计算软件的编程运算，分析与测评伊春林产工业对国有林区区域系统脆弱性的驱动效应。选择伊春市1998～2007年度的相关统计资料作为数据分析基础，以全国林业系统和全国整体经济系统的相关统计数据作为脆弱性评价的参照准则，计算1998～2007年度伊春市林产工业对国有林区区域系统脆弱性的驱动效应的20个脆弱性分析指标数值并开展实证研究。

7.2.1.1 应用熵值法(Entropy)计算脆弱性评价指标权重

(1)收集1998～2007年度伊春市林产工业与国有林区的相关统计资料，计算获得前文所述的20个脆弱性分析指标的评价值，公式(3-7)至公式(3-10)进行规范化处理，经过计算后获得规范化决策矩阵。

(2)以规范化决策矩阵为数据分析基础，依据3.2.6介绍的应用熵值法求解伊春林产工业对国有林区区域可持续发展系统脆弱性的驱动效应分析指标权重的具体计算步骤，获得如表7-4所示的过程参数和评价指标权重。

表 7-4 基于熵值法确定评价指标权重的过程参数表和标准权重值

Tab. 7-4 List of procedural coefficient and indexes weight data based on the entropy method

层级	分析指标	H_j	d_j	$wb_j(10^{-2})$	$w_j(\%)$
生态层面	林业经营活动减少活立木蓄积占总蓄积的比例(%)	6.152	0.054	0.251	5.047
	林产工业木材消耗量与新造用材林面积配比(立方米/公顷)	6.211	0.055	0.237	4.778
	单位林业产值减少森林资源生物多样性价值(万元/万元)	5.784	0.050	0.296	5.961
	单位林业产值减少森林资源固碳制氧价值(万元/万元)	5.784	0.050	0.330	6.635
	单位林业产值减少森林资源保育土壤价值(万元/万元)	5.784	0.050	0.272	5.474
	单位林业产值减少森林资源涵养水源价值(万元/万元)	5.784	0.050	0.274	5.511
	单位林业产值减少森林资源净化环境价值(万元/万元)	5.784	0.050	0.240	4.836
经济层面	万元产值木材消耗量(立方米/万元)	5.784	0.050	0.348	6.995
	林产工业全员劳动生产率(元/人)	5.341	0.046	0.269	5.414
	林产工业单位能源消耗量创造总产值(万元/吨标准煤)	4.962	0.042	0.247	4.974
	林产工业的总资产利税率(%)	5.892	0.051	0.227	4.566
	林产工业单位工业废气排放量创造总产值(万元/吨)	4.738	0.039	0.229	4.600
	林产工业万元总产值未达标工业废水排放量(吨/万元)	6.181	0.055	0.285	5.735
	林产工业万元总产值未利用固体废物排放量(吨/万元)	5.857	0.051	0.247	4.975
社会层面	林产工业职工人均可支配收入购买力系数	5.821	0.051	0.235	4.729
	林产工业职工人均社会保障、福利和卫生保健费用成本(元/人)	5.544	0.048	0.203	4.088
	林产工业职工人均年度教育经费成本(元/人)	5.640	0.049	0.200	4.033
	林产工业职工的恩格尔系数	5.975	0.052	0.195	3.920
	林业区域登记失业率(%)	5.944	0.052	0.209	4.197
	林产工业职工人均住房建筑面积(平方米)	6.073	0.053	0.176	3.533

7.2.1.2 应用 Topsis 模型计算林产工业对国有林区区域系统脆弱性的驱动效应

以规范化决策矩阵和表 7-4 为数据分析基础，依据 3.2.6 介绍的应用 Topsis 方法综合测评伊春林产工业对国有林区区域系统脆弱性的驱动效应的具体步骤，获得表 7-5、图 7-3 的过程参数表和综合评价结果。

表 7-5 基于 Entropy-Topsis 模型的过程参数和综合评价结果表

Tab. 7-5 List of vulnerability evaluation scores and procedural coefficient based on Entropy－Topsis model

层级	分析指标	S+	S−	年度	d+	d−	C
生态层面	林业经营活动减少活立木蓄积占总蓄积的比例(%)	0.050	0.028	1998	0.083	0.033	0.286
	林产工业年度木材消耗量与新造用材林面积配比(立方米/公顷)	0.048	0.019	1999	0.078	0.033	0.295
	单位林业产值减少森林资源生物多样性价值(万元/万元)	0.060	0.024	2000	0.070	0.034	0.326
	单位林业产值减少森林资源固碳制氧价值(万元/万元)	0.066	0.046	2001	0.061	0.039	0.392
	单位林业产值减少森林资源保育土壤价值(万元/万元)	0.055	0.038	2002	0.059	0.040	0.405
	单位林业产值减少森林资源涵养水源价值(万元/万元)	0.055	0.039	2003	0.063	0.037	0.368
	单位林业产值减少森林资源净化环境价值(万元/万元)	0.048	0.031	2004	0.034	0.064	0.652

（续）

层级	分析指标	S+	S−	年度	d+	d−	C
经济层面	万元产值木材消耗量（立方米/万元）	0.070	0.042	2005	0.033	0.067	0.669
	林产工业全员劳动生产率（元/人）	0.054	0.038	2006	0.040	0.065	0.619
	林产工业单位能源消耗量创造总产值（万元/吨标准煤）	0.050	0.030	2007	0.038	0.069	0.645
	林产工业的总资产利税率（%）	0.046	0.032	全国标准2007	0.019	0.084	0.814
	林产工业单位工业废气排放量创造总产值（万元/吨）	0.046	0.032	全国标准2003	0.035	0.060	0.633
	林产工业万元总产值未达标工业废水排放量（吨/万元）	0.057	0.034	全国标准1999	0.053	0.048	0.473
	林产工业万元总产值未利用固体废物排放量（吨/万元）	0.050	0.030				
社会层面	林产工业职工人均可支配收入购买力系数	0.047	0.028				
	林产工业职工人均社会保障、福利和卫生保健费用成本（元/人）	0.041	0.027				
	林产工业职工人均年度教育经费（元/人）	0.040	0.028				
	林产工业职工的恩格尔系数	0.039	0.024				
	林业区域登记失业率（%）	0.042	0.025				
	林产工业职工人均住房建筑面积（平方米）	0.035	0.021				

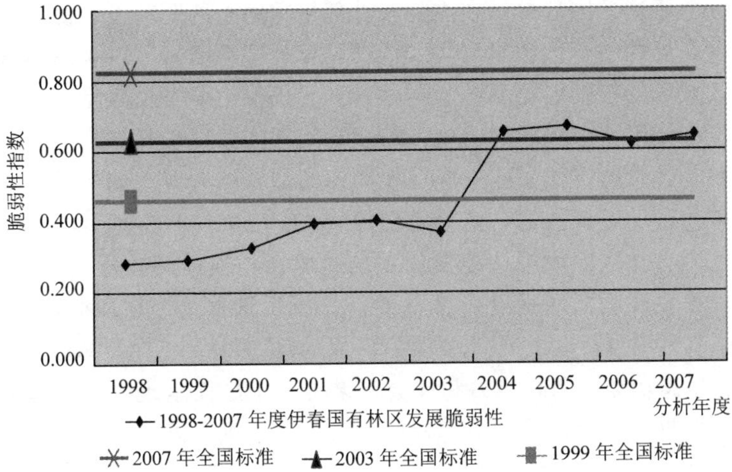

图 7-3 1998～2007 年林产工业内生驱动的国有林区系统脆弱性测评值

Fig. 7-3 Sketch map of vulnerability evaluation scores inner-driven by forestry industrial system

7.2.1.3 测评数据的分布规律

1998～2007 年度间伊春市林产工业内生驱动国有林区区域可持续发展的系统脆弱性呈现出逐年好转的趋势，1998～2003 年度间的改进程度较小，始终低于 1999 年的全国平均水平；2004 年度起，林产工业内生驱动的国有林区区域可持续发展的系统脆弱性改善幅度显著提升，至 2007 年度系统脆弱性指数达到 0.645，与同年度(以 2007 年为标杆数值的 0.814)全国林区的平均水平仍然具有较大差距，呈现出逐步拉大的趋势，严重滞后于同时期的发展要求。

7.2.2 测评结果的内涵解析

依据上述分析数据，可以观测林产工业内生驱动所形成的国有林区区域可持续发展过程中(即国有林区区域生态位进化过程)各个层面和总体的发展脆弱性状态(表 7-5)。国有林区区域生态位进化过程的系统脆弱性程度由林业经济、生态功能、承载能力和社会和谐等层面决定，且在 4 个子系统间是协调互动的，林业经济层面更是国有林区区域生态位进化过程的“起搏器”和“发动机”。

综上所述，国有林区在内部和外部多重因素的驱动下，演进历程中呈现出高度的敏感性和脆弱性。依据国有林区显著特征，本节界定国有林区区域可持续发展的系统脆弱性内涵、挖掘出要素投入型、环境保障型、宏观导引型、关联动力型四类驱动因素，并提出林产工业作为内生核心驱动因素的定位、建立脆弱性测评模型，结合典型国有林区——伊春国有林区的实证数据，定量地测度 1998 ~ 2007 年度间伊春林产工业驱动的国有林区区域可持续发展系统脆弱性；根据对分析数据的观测，国有林区发展脆弱性程度由林业经济、成，且在 4 个层面间协调互动，作为国有林区可持续发展“起搏器”和“发动机”的林产工业，对国有林区经济增长生态功能、承载能力和社会和谐等四个层面呈现的过高脆弱度起到了恶性驱动作用；需要国有林区政府采取措施，以林产工业运行模式转型升级为着力点，切实降低国有林区区域可持续发展的系统脆弱性。

(1)调整林产工业结构，获取更为环保、节能、经济的林业生产技术规范和配套工艺体系，对林业生产进行深加工改造以增加产品的附加值，提高单位木材消耗量的 GDP 贡献值；同时，进一步吸聚国家政府和区域外资本，逐步导入和扶持具有接续替代性的主导产业以形成新的经济增长点，改变以林木采伐和低端加工为主的粗放式林业经济增长模式。

(2)系统地规划国有林区产业布局，坚决转移高消耗、高污染的低端产业体系，完善基础设施建设，以良好的森林生态环境为吸引力，吸聚外来人群游憩和居住，促进了区域系统内旅游业、酒店服务业和房地产产业的蓬勃发展，打造类似海南的绿色经济增长方式。

(3)依托国有林区丰富的森林生态服务资源，积极推动国家生态立法，在林权改革的基础上，进一步完善森林生态服务使用权证制度，实现森林固碳制氧(即碳汇)、涵养水源、净化空气等生态服务功能的有偿使用和合理补偿，建立国有林区的森林生态服务产业体系，形成“生态型”经济增长点。

7.3　伊春林产工业运行的 CRE 效率测评与敏感性分析

7.3.1　超效率混合 DEA 模型分析结果科学性的验证

结合实证决策单元的统计数据，分别应用 C^2R 模型、C^2GS^2 模型和本书构建的超效率混合 DEA 模型 $D_{Combine}$，借助于工程计算软件 Matlab 7.0 的编程与测算，获得表 7-6 的评价结果，对比分析不同效率指数的科学性和经济内涵合理性，得到下述研究心得：

表 7-6　不同模型的评价结果对比分析表

Tab. 7-6　Comparative analytical list of evaluationg results based on different model

分析指标 / 分析单元	$D_{Combine}$ 初始效率 $\theta_{Combine}$	C^2R			C^2GS^2		
		初始效率 θ_{C2R}	去掉 Y_1 $\theta(Y_1-C^2R)$	去掉 V_1 $\theta(V_1-C^2R)$	初始效率 θ_{C2GS2}	去掉 Y_1 $\theta(Y_1-C^2GS^2)$	去掉 V_1 $\theta(V_1-C^2GS^2)$
1999 年度	0.2617	0.2961	0.0601	0.2617	0.4198	0.4198	0.8756
2000 年度	0.2369	0.2720	0.0618	0.2369	0.4038	0.4038	0.9034
2001 年度	0.3710	0.3710	0.1246	0.3710	0.6767	0.6767	0.9076
2002 年度	0.6085	0.6085	0.2203	0.6085	0.8689	0.8689	0.9185
2003 年度	0.7361	0.7361	0.2798	0.7361	0.9380	0.9380	0.9444
2004 年度	0.8893	0.9589	0.8893	0.8436	1.0000	1.0000	1.0000
2005 年度	1.2425	1.0000	1.0000	1.0000	1.0000	1.0000	1.0000
2006 年度	0.8607	0.9076	0.8049	0.8607	0.8984	0.8750	0.9443
2007 年度	1.0797	1.0000	1.0000	1.0000	1.0000	1.0000	1.0000
全国标准 2007	1.7966	1.0000	1.0000	1.0000	1.0000	1.0000	1.0000
全国标准 2004	1.0754	0.7818	1.0000	0.7801	1.0000	1.0000	0.7839
全国标准 2001	0.9009	0.6056	0.9009	0.6036	1.0000	1.0000	0.8137

(1) C^2R 模型、C^2GS^2 模型的初始效率指数 θ_{C2R} 和 θ_{C2GS2} 未能实现完全排序，共计 9 个决策单元的效率指数为 1，难以准确测算不同分析年度国有林区林产工业系统发展的相对效率，继而影响挖掘制约因素的有效性和制定优化调整方案的定量操作性。

(2) 分别采用 Y_1、V_1 和 (Y_1、V_1) 指标组合，并应用 C^2R 模型测算效率指数，可知 θ_{C2R} 与 $\theta(V_1-C^2R)$ 具有极高的相似性；在 θ_{C2R} 效率指数测算中，满足锥性的产出指标 Y_1 起到核心作用，$\theta(Y_1-C^2R)$ 与初始效率 θ_{C2R} 偏差较大且明显出现评价失效的现象。同理可知，不满足锥性的产出指标 V_1 对效率指数 θ_{C2GS2} 的测算起到核心作用，而 $\theta(V_1-C^2GS^2)$ 评价失效。

(3)独立应用 C^2R 模型、C^2GS^2 模型无法全面考核决策单元的投入产出效率，而 $D_{Combine}$ 模型在整合两类典型性投入产出指标(在本书中以满足锥性的 Y_1 和不满足锥性的 V_1 为例)，通过解除决策单元的自约束条件，$D_{Combine}$ 模型进一步测算了有效决策单元间的效率差异，为科学地剖析效率指数的经济内涵提供了数据分析基础。

综上所述，$D_{Combine}$ 模型在处理投入产出指标构成复杂的效率评价问题时，是具有相对科学性和可操作性的，有利于辅助剖析国有林区林产工业发展的相对效率指数的经济内涵和演进规律(表 7-6 和图 7-4)。

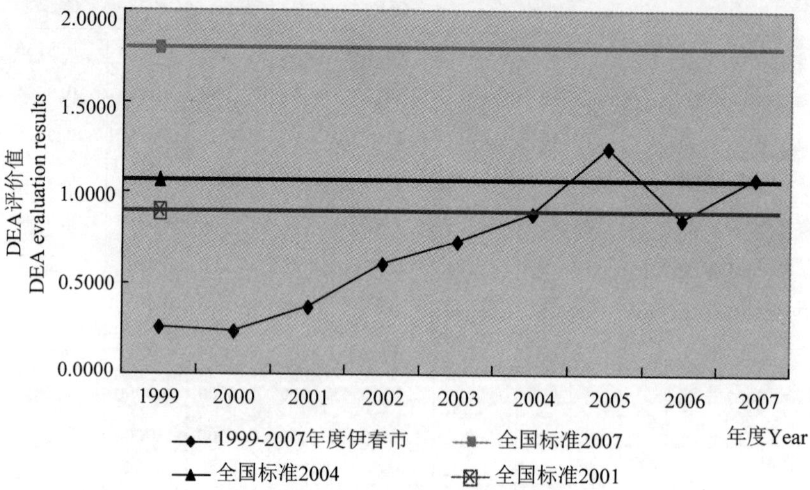

图 7-4 国有林区林产工业运行 CRE 效率的数值示意图

Fig. 7-4 Evaluating data sketch map of industrial developmental CRE efficiency based on DEA model

(4)国有林区林产工业运行 CRE 效率指数的演进规律。

① 1999～2007 年度间伊春市国有林区林产工业运行的 CRE 效率呈现出逐年递增的趋势，1999～2001 年度间的改进程度不大，伊春国有林区林产工业运行的 CRE 效率处于很低的水平；2002 年度起，林产工业运行的 CRE 效率显著提高，至 2007 年度 CRE 效率指数达到 1.0797，接近 2004 年度全国国有林区林产工业运行 CRE 效率的平均水平。

②1999～2007 年度伊春市国有林区林产工业运行的 CRE 效率处于很

低的水平，至 2004 年度才接近同年度全国林业区域平均水平；2005～2007 年度间伊春市国有林区林产工业运行的 CRE 效率指数波动较大，与全国国有林区平均水平(以 2007 年为标杆数值)呈现出逐步拉大的趋势，严重滞后于同时期的发展要求。

7.3.2 伊春国有林区林产工业运行的 CRE 效率指数测算

借鉴复合 DEA 方法的建模思想，具体的分析步骤如下所示：

(1)分析某一投入产出指标对不同决策单元效率指数的影响。假定 $\theta^{(j)}_{\text{Combine}}(j \in J)$表示应用超效率 DEA 模型计算得到的第 j 个决策单元的效率指数；$\theta_{i}{}^{(j)}_{\text{Combine}}(j \in \text{J},\ i \in \text{I})$表示去掉第 i 个投入产出指标后，应用超效率混合 DEA 模型计算得到的第 j 个决策单元的效率指数；$S_j(i)$表示第 j 个决策单元对第 i 个投入产出指标的敏感度系数，其计算公式如下所示：

$$S_j(i) = \frac{\theta^{(j)}{}_{Combine} - \theta_i{}^{(j)}{}_{Combine}}{\theta_i{}^{(j)}{}_{Combine}}, i = 1,2,\cdots 8; j = 1,2,\cdots 12 \quad (7\text{-}3)$$

若决策单元 $j_0(j_0 \in J)$满足 $S_{j0}(i) = \max\{S_j(i)\}(j = 1,\ 2,\ \cdots 12;\ i = 1,\ 2,\ \cdots 8)$，则表明决策单元 j_0就第 i 个指标而言，相对其他决策单元在投入或者产出方面具有优势，因为加入 i 指标后其相对效率指数增加最大，可能是 DMU_{j0}在 X_i“资源”的利用方面有优势，也可能是获得 X_i资源的渠道不畅，被其他要素替代的结果。当 $S_{j0}(i) < 0$ 时，说明该决策单元在 X_i资源的利用上形成浪费。

(2)无效决策单元形成的关键性因素分析。某一决策单元 $j_0(j_0 \in J)$为相对无效的，即 $\theta^{(j0)}_{\text{Combine}}(j_0 \in \text{J}) < \max\{\theta^{(j)}_{\text{Combine}}(j \in J)\}(j = 1,\ 2,\ \cdots 12)$，依据公式(5)，可以计算得到 $S_{j0}(i)$，若指标 $i_0(i = 1,\ 2,\ \cdots 8)$满足：$S_{j0}(i_0) = \min\{S_{j0}(i)\}\ (i = 1,\ 2,\ \cdots 8)$，表示指标 i_0是对决策单元 j_0无效性影响最大的指标，可能由于该指标对应的投入存在冗余，利用率太低，或者该指标对应的产出效率偏低，未达到有效的产出规模。

结合实证决策单元的统计数据，应用本书构建的超效率混合 DEA 模型 D_{Combine}，通过使用 MATLAB6.5.1 工程软件编程计算，获得表 7-7 的评价结果，有利于辅助剖析伊春国有林区林产工业运行 CRE 效率指数的经济内涵和演进规律(表 7-7)。

表 7-7 不同投入产出指标下伊春林产工业运行的 CRE 效率指数对比表

Tab. 7-7 Operational CRE efficiency index of forest industry based on different input and output indexes

分析指标 决策单元	初始效率	去掉X1	去掉X2	去掉X3	去掉X4	去掉X5	去掉X6	去掉V1	去掉Y1
1999 年度	0.2617	0.1323	0.2017	0.2535	0.2617	0.2437	0.2617	0.2219	0.0601
2000 年度	0.2369	0.1331	0.2269	0.2353	0.2369	0.2196	0.2369	0.1995	0.0618
2001 年度	0.3710	0.2718	0.3410	0.3703	0.2398	0.3520	0.3710	0.3510	0.1246
2002 年度	0.6085	0.5799	0.5785	0.5789	0.2473	0.6085	0.6053	0.6085	0.2203
2003 年度	0.7361	0.7127	0.7031	0.7211	0.2521	0.7196	0.7117	0.7361	0.2798
2004 年度	0.8893	0.8471	0.8473	0.8673	0.5470	0.8893	0.8609	0.8436	0.8893
2005 年度	1.2425	1.1173	1.1615	1.2317	0.5553	1.1779	1.2425	1.2425	1.1993
2006 年度	0.8607	0.8358	0.8515	0.8607	0.5539	0.8607	0.8593	0.8607	0.8049
2007 年度	1.0797	1.0223	1.0721	1.0797	0.6594	1.0259	1.0797	1.0265	1.0797
全国标准 2007	1.7966	1.7966	1.7966	1.7966	1.7966	1.7966	1.7966	1.7966	1.5286
全国标准 2004	1.0754	1.0344	1.0127	1.0679	1.0321	1.0754	1.0754	0.7801	1.0754
全国标准 2001	0.9009	0.8825	0.8549	0.8977	0.9009	0.9009	0.9009	0.6036	0.9009

7.3.3 国有林区林产工业运行 CRE 效率的敏感度分析

对比分析综合分析指数 $\theta_{Combine}$ 对于不同投入产出指标变动的响应程度(即敏感度)，可以挖掘制约国有林区林产工业运行 CRE 效率的关键性因素，继而制定林产工业生态位进化能力提升的优化方案和调整目标，见表 7-8。

表 7-8 不同投入产出指标的敏感度系数对比分析表

Tab. 7-8 Comparative analytical list of sensitivity coeffcient based on input and output indexes

分析指标 决策单元	Sj(1)	Sj(2)	Sj(3)	Sj(4)	Sj(5)	Sj(6)	Sj(7)	Sj(8)
1999 年度	0.9786	0.2975	0.0323	0.0000	0.0739	0.0000	0.1794	3.3527
2000 年度	0.7794	0.0441	0.0068	0.0000	0.0788	0.0000	0.1876	2.8318
2001 年度	0.3650	0.0880	0.0019	0.5470	0.0540	0.0000	0.0570	1.9770
2002 年度	0.0494	0.0519	0.0511	1.4609	0.0000	0.0053	0.0000	1.7618

（续）

决策单元 \ 分析指标	Sj(1)	Sj(2)	Sj(3)	Sj(4)	Sj(5)	Sj(6)	Sj(7)	Sj(8)
2003 年度	0.0328	0.0469	0.0208	1.9200	0.0229	0.0343	0.0000	1.6311
2004 年度	0.0498	0.0496	0.0254	0.6257	0.0000	0.0330	0.0542	0.0000
2005 年度	0.1121	0.0697	0.0088	1.2376	0.0548	0.0000	0.0000	0.0360
2006 年度	0.0297	0.0108	0.0000	0.5538	0.0000	0.0015	0.0000	0.0693
2007 年度	0.0561	0.0071	0.0000	0.6373	0.0524	0.0000	0.0518	0.0000
全国标准 2007	0.0000	0.0000	0.0000	0.0000	0.0000	0.0000	0.0000	0.1753
全国标准 2004	0.0396	0.0619	0.0070	0.0420	0.0000	0.0000	0.3785	0.0000
全国标准 2001	0.0209	0.0538	0.0036	0.0000	0.0000	0.0000	0.4926	0.0000
$\sum$ Sj(i)	2.5135	0.7812	0.1576	7.0243	0.3368	0.0741	1.4011	11.8350
标准差	0.1088	0.0060	0.0003	0.4224	0.0010	0.0002	0.0271	1.5725
VAR(Sj(i))	0.3458	0.3340	0.1573	0.6274	0.1550	0.1592	0.2028	1.2295

(1)根据表 7-8 纵向列的累计值 $\sum S_j(i)$，获得投入、产出指标对评价系统及各决策单元影响的信息。从投入指标来看，$S_j(4)$列和 $S_j(1)$列的累积值较大，表明影响伊春国有林区林产工业运行 CRE 效率最重要的因素，是对工业未达标废水排放量和工业系统固定资产规模、质量的控制；$S_j(6)$、$S_j(5)$、$S_j(2)$和 $S_j(3)$列的累积值较小，表明林产工业的产值增长过多地消耗能源、人力资源冗余明显、工业废气和固体废物的排放严重超标，这些因素制约了林产工业的发展效率。从产出指标来看，$S_j(8)$列的数值明显较大，表明效率指数对林产工业产值盈利规模最为敏感；$S_j(7)$数值较小，表明林产工业的全员劳动生产率距离预期标准相差较大。

(2)根据表 7-8 纵向 $S_j(i)(i=1, 2, \cdots 8)$列的标准差，可以分析各个决策单元不同指标上运行绩效差异。从投入指标来看，$S_j(4)$列的标准差最大，表明国有林区林产工业未达标废水排放量的控制能力在不同决策单元间存在最明显的差异；从产出指标来看，$S_j(8)$列的标准差最大，表明林产工业的产值盈利规模在不同分析年度间存在最不均衡的分布。此外，$S_j(6)$、$S_j(5)$和 $S_j(3)$的 VAR($S_j(i)$)系数均较小，表明能源利用效率、固体废物排放和工业废气排放是制约伊春国有林区林产工业运行 CRE 效率和工业生态位进化能力提升的关键敏感性因素。

(3)根据表 7-8 横向 $S_j(i)(\ i=1,\ 2,\ \cdots 8)$行的数据，可以分析投入产出相对效率非 DEA 有效的决策单元形成的原因及其优化方向。在上述的实证分析中，标识为“全国标准 2007”的决策单元为相对有效的，其他决策单元均为相对无效；依据相关文中对相对无效决策单元关键性因素的判别准则，本书在表 7-8 中以黑体的形式标识不同决策单元 CRE 效率指数的主要制约因素和优化方向，基于各种制约因素的出现频率，可以确认 $S_j(6)$、$S_j(5)$和 $S_j(3)$为不同决策单元运行 CRE 效率优化调整的共性着力点。

7.3.4　基于产出不变的投入指标冗余降解分析方法

借助于公式(7-4)并结合基于超效率混合 DEA 模型的评价过程参数，可以获得 X_3、X_4、X_5和 X_5投入指标冗余降解数值和如图 7-5，即基于产出数据不变的基础上，以 CRE 效率指数最高的 2007 年全国国有林区林产工业的发展水平为参照基准，解析出伊春国有林区林产工业生态环境资本和能源资本等投入资源的“闲置”和“冗余非效率”数值比率，深入分析后可以获得如下分析结论：

$$\begin{aligned}&\dot{X}_0=\sum_{j\in J}X_j\lambda_j^0/\Phi_0=(\theta_0X_0-S^{0-})/\Phi_0;\dot{U}_0=\sum_{j\in J}U_j\lambda_j^0/\Phi_0=U_0-R^{0-}/\Phi_0\\&\dot{Y}_0=\sum_{j\in J}Y_j\lambda_j^0/\Phi_0=(Y_0+S^{0+})/\Phi_0;\dot{V}_0=\sum_{j\in J}V_j\lambda_j^0/\Phi_0=V_0+R^{0+}/\Phi_0\end{aligned}\tag{7-4}$$

由图 7-5 分析可知，1999～2007 年度期间，体现伊春国有林区林产工业运行需要承担生态环境和能源资源成本的工业废气排放量、未达标工业废水排放量、未达标固定废物排放量、能源消耗量等 4 项评价指标的投入冗余度均在不同程度上得到了降解；究其原因，源于近年来国家政府逐步重视了森林系统生态服务功能的发挥，陆续出台宏观调整策略优化工业系统产业结构的合理化和高度化、对国有林区森林生态效益的维护和发挥给予适当补偿，并以循环经济理论和实践方法指导国有林区林产工业系统的生态化改造，进而提高林产工业运行的 CRE 效率；但由于粗放式的增长方式，伊春林产工业运行对生态环境的破坏仍然较为严重、对能源资源的利用水平仍然较低，需要进一步优化相关投入冗余资源，以期提升伊春国有林区林产工业由第 II 层级向第 III 层级工业生态位进化的能力，实现伊春国有林区林产工业运行、森林生态和环境容量间的协调可持续发展。

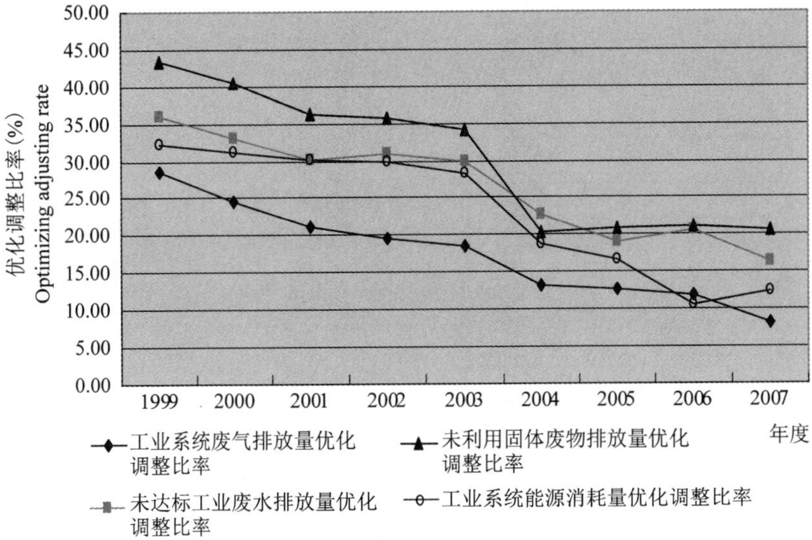

图 7-5　伊春林产工业生态环境成本和能源资源投入冗余优化比率示意图

Fig. 7-5　Input redundant optimizing rate's sketch map of environment and energy source of forest industry

7.4　伊春国有林区生态环境要素内生驱动的产业集群方案

依据本章前三节对伊春国有林区区域系统不同层面脆弱性的测评结果，以及论文第六章有关环境要素内生驱动的经济增长理念与产业集群的研究内容，本书提出打造生态环境要素内生驱动的产业集群模式是国有林区切实降低脆弱性、实现可持续发展的现实途径。结合 6.3.2 中阐述的研究内容，伊春国有林区生态环境要素内生驱动的产业集群建设框架包括如下几个方面。

7.4.1　伊春国有林区循环与低碳经济产业区块建设

伊春国有林区短期内难以摆脱以林业产业体系为经济增长主要推动

力的主导地位，伴随政府以及社会大众对国有林区森林生态服务功能的逐步重视，以单纯的林木采伐量增长来支撑林区粗放式经济增长的模式难以为继，以循环经济思想为导引、秉承"3R"的基本原则，对林业产业体系进行生态化再造和集约运行是当前切实降低国有林区发展脆弱性的直接着力点，如图 7-6。

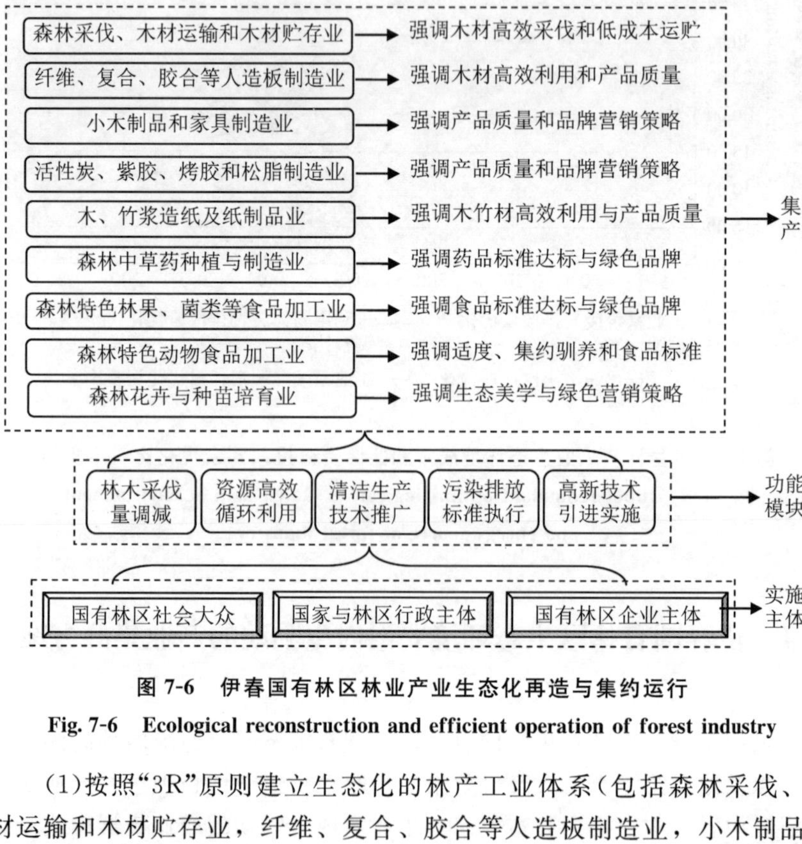

图 7-6 伊春国有林区林业产业生态化再造与集约运行

Fig. 7-6 Ecological reconstruction and efficient operation of forest industry

(1)按照"3R"原则建立生态化的林产工业体系(包括森林采伐、木材运输和木材贮存业，纤维、复合、胶合等人造板制造业，小木制品和家具制造业等)，实行清洁生产，形成新的工业技术范式，以全过程控制的污染防治战略取代末端处理为主的污染防治战略，林产工业生产最大化程度追求合理利用森林资源，减少整个林产工业活动对森林生态服务功能和区域生态环境破坏的风险。

(2)重点发展林副产品培育与加工业，森林中草药、特色林果与菌类、特色动物食品等林副产品具有广阔的商业化前景，国有林区应该从适度与集约驯养、规模与现代化培植、提高食品与药品标准、系统的营销网络建设等方面入手，以纯天然、高质量的绿色品牌形象迅速地占领逐步增大的绿色药品与食品需求市场，提高国有林区森林林副产品培育与加工业的市场规模与利润空间。

(3)重点发展森林花卉与种苗培育业，随着工业化进程的迅速推进，遍布全国的中心城市逐步进入了强调优良环境、绿色美学的生态文明时期，国有林区应该抓住这一良机，从规模培育与高效物流配送体系建设入手，依托丰富的森林资源重点培育适于城市绿色美学和生态功能的特色花卉与种苗，提高国有林区森林花卉与种苗培育业的市场规模与利润空间。

7.4.2 伊春国有林区生态环境要素内生驱动的新兴产业区块建设

依据第 6 章中本书提出的环境要素内生驱动的经济增长理念和产业集群模式，伊春国有林区最大的环境要素资源即为森林生态服务功能辐射下的良好生态环境要素，应该以此为基点(即以生态环境要素为国有林区的核心环境要素)，促使国有林区产生衍生效应(即衍生出其他适于国有林区吸聚低碳的、生态型的产业集群)；国有林区的政府、企业和民众要集中财力、物力和人力大力度地建设基础设施(包括区域交通系统建设、通信网络建设、园林绿地体系建设、电子政务体系建设、公共安全体系建设等五个方面)，通过对生态环境要素这一核心要素的定位和凸显，对政治环境要素、交通环境要素、科技环境要素、文化环境要素和安全环境要素等衍生要素的保障，吸聚森林生态公园旅游与休闲业、酒店餐饮业、森林生态性房地产开发与销售、会展与影视制作、软件动漫设计开发等生态型产业并打造绿色经济增长模式，如图 7-7。

(1)重点发展国有林区生态安居与旅游度假产业，国有林区良好的森林生态环境，为大力发展森林生态旅游产业、生态型房地产开发与销售业、酒店与绿色餐饮业提供了基础支撑要素(生态环境要素)，国有林区应该不断地完善交通运输、安全保障、信息通讯网络等基础设施，突出“生态安居、绿色品牌”的独特优势，吸聚大量外部资本和富裕人群进入国有林区投资、旅游与居住。

(2)重点发展国有林区文化娱乐与商务会展产业，国有林区应该充分利用良好的生态环境资源，打造“绿色环境、交通便利、治安良好”的

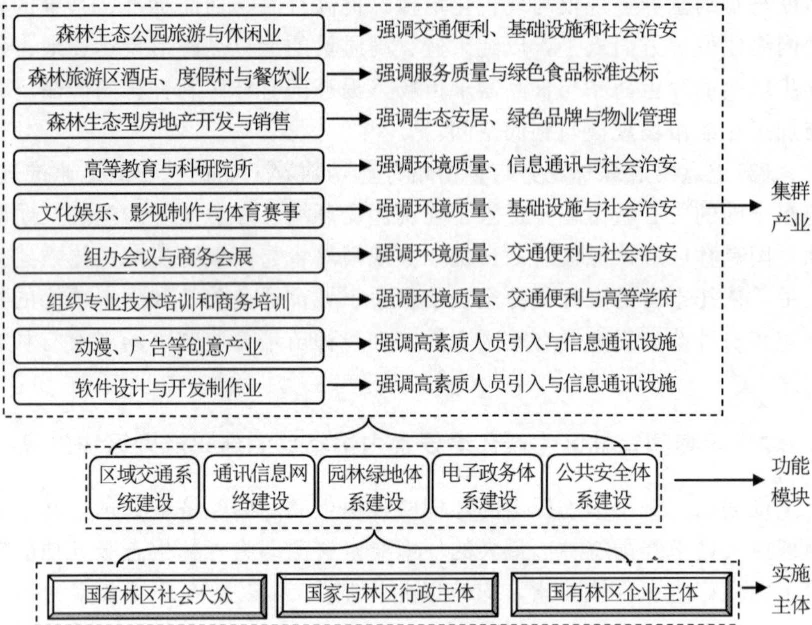

图 7-7　伊春国有林区生态环境要素内生驱动的产业集群

Fig. 7-7　Industry cluster's growth mode inner-driven by environment element of Yichun national forest area

品牌策略，引入更多的学术会议、商务会展和体育赛事等大型活动，增大外部人群进出国有林区区域系统的动态流量，促进国有林区酒店业、餐饮业与交通运输行业的发展，打造一种独特的国有林区“绿色”服务业体系。

(3)重点发展国有林区动漫广告与软件开发产业，国有林区应该以良好的生态环境为基础，引入更多的高等院校与科研院所，为发展专业技术培训和商务培训业、软件设计与开发制作业、动漫广告等创意产业提供优秀的人力资源，继而建设具有国有林区特色的知识型产业体系，该类产业体系的发展更多消耗知识资源和资本资源，能够有效地促进国有林区的低碳型经济增长方式。

7.4.3　伊春国有林区森林生态服务使用权证交易市场体系建设

伊春国有林区为大尺度区域系统提供了重要的森林生态服务功能，

伴随在森林生态辐射带下各个区域系统的高速发展，对伊春国有林区森林生态服务的资产化理念的肯定，以及对伊春国有林区提供森林生态服务产品给予合理补偿模式的建立方案急需解决，依据第五章中提出的森林生态服务使用权证制度以及多级交易市场的建设模式，伊春国有林区建立包括基于自发组织的私人交易、基于政府导引的开放交易和基于政府调控的公共支付等三种主要的森林生态服务使用权证交易市场体系，是切实降低伊春国有林区可持续发展系统脆弱性的长远之策，如图 7-8。

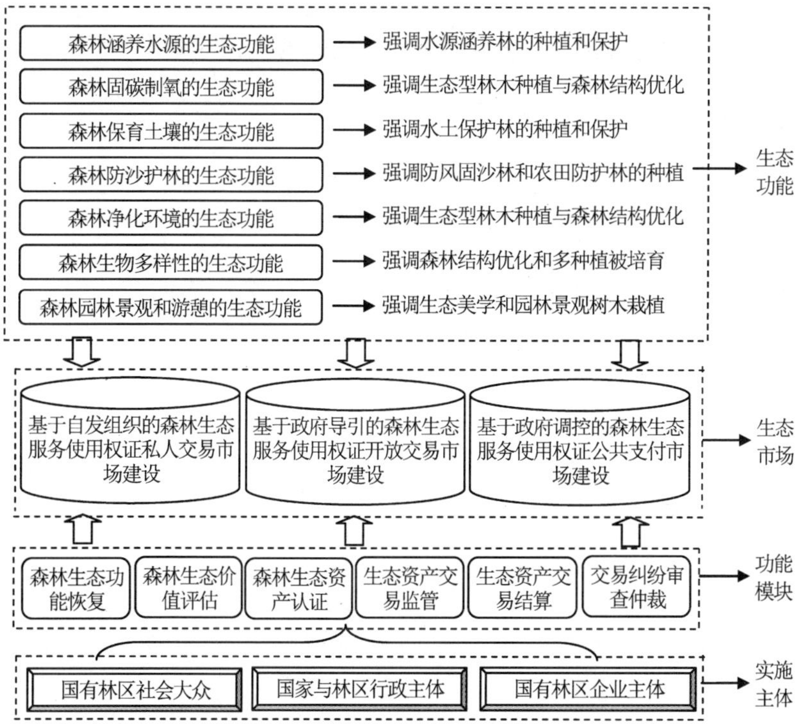

图 7-8 伊春国有林区生态使用权证交易市场体系

Fig. 7-8 Mutilevel trade market of forestry ecological use right certificate of Yichun national forest area

7.5　本章小结

本节以黑龙江省伊春国有林区为分析对象，测评伊春国有林区区域可持续发展系统脆弱性、林产工业内生驱动的国有林区发展脆弱性以及林产工业可持续发展的系统脆弱性等多个层面，检验前文阐述内容中提出的国有林区可持续发展系统脆弱性的理论框架和分析方法，并针对性地提出伊春国有林区可持续发展系统脆弱性的优化方案。

结　论

长期以来，国有林区为追求单纯的经济效益最大化目标而过度采伐森林资源，严重弱化了森林资源的生态服务功能，致使处于森林资源生态效益辐射带的区域发展系统呈现出高度的生态环境脆弱性。本书在系统研究国有林区区域可持续发展系统脆弱性的基本内涵、影响因素、驱动机理、分析指标和评价模型的基础上，定位国有林区区域可持续发展系统脆弱性的关键驱动因素——林产工业，综合测评林产工业运行对国有林区区域可持续发展系统脆弱性的影响，力争为林产工业内生驱动的国有林区区域发展脆弱性监测评价、管理控制和优化调整提供一整套科学的、可操作的定量分析方法，取得了如下创新性研究成果：

(1)从脆弱性分析视角入手，剖析国有林区经济子系统、生态子系统和社会子系统运行的基本态势，基于植入生态环境要素的增长理念，以生态位思想为导引，界定国有林区区域系统、林产工业可持续发展系统脆弱性的基本内涵，分析国有林区企业、产业、区域生态位的关联性，建立基于生态位思想的国有林区可持续发展系统脆弱性分析框架。

(2)分析国有林区区域可持续发展的演进序列、区域生态位进化过程系统脆弱性的维度结构，挖掘制约国有林区区域可持续发展系统脆弱性的内部和外部驱动因素，对脆弱性驱动因素进行功能分类，提出林产工业作为国有林区区域可持续发展系统脆弱性内生核心驱动因素的定位，建立林产工业内生驱动的国有林区区域可持续发展系统脆弱性测评指标和方法。

(3)划分林产工业生态位的层级并分析林产工业生态位进化过程系统脆弱性的维度结构，从纵向和横向两个方面研究林产工业增长、能源消耗和环境容量的效率关系，并建立超效率混合 DEA 模型，测算国有林区林产工业运行 CRE 效率指数对不同投入产出指标波动的敏感度系数，解析相应分析数值的经济内涵，继而挖掘国有林区林产工业可持续发展系统脆弱性的关键性因素。

(4)建立基于使用权证制度的森林生态服务资产化理念，剖析森林生态服务使用权主证、副证价值的经济学内涵和内在关联性，构建包括基于自发组织的森林生态服务使用权证私人交易、基于政府导引的森林生态服务使用权证开放交易、基于政府调控的森林生态服务使用权证公共支付等三种主要模式的多级交易市场体系，为突破森林生态服务资产化与市场化的瓶颈问题提供新颖的研究视角，继而降低国有林区区域系统与林产工业可持续发展的系统脆弱性。

(5)分析区域产业集群的动力驱动模式，建立环境要素内生驱动的产业集群理念和增长模型；依据引力场理论，阐释区域系统环境要素对产业集群的吸聚效应，剖析不同环境要素驱动区域经济增长和产业集群的模式类别，并针对性地提出生态环境要素内生驱动的国有林区产业集群方案与保障策略并以伊春国有林区为实证分析对象，验证本书提出的理论与方法。

本书虽然对国有林区可持续发展的系统脆弱性问题进行了讨论，但已有的研究基础相对薄弱，不够系统，尽管作者想尽量深入、透彻地研究国有林区可持续发展与系统脆弱性之间关系的问题，但限于水平和能力，有待于今后的研究中不断修改、完善，目前该领域存在一些方向和内容值得进一步研究，如：

(1)采集更多不同地理区位的国有林区基础数据开展实证研究，验证和完善国有林区可持续发展系统脆弱性的测评指标、评价模型的合理性和可操作性。

(2)对比分析国有林区林产工业运行CRE效率指数变化，测算不同投入产出指标的极限波动范围，准确定位不同投入产出指标对于决策单元生产效率、技术效率和规模效率有效性的贡献和优化方法，对测评模型进行分解和衍生。

(3)建立基于使用权证制度的森林生态服务资产化模型，将森林生态服务资产双向植入经营者和规定用户的经营管理决策体系，从数理视角剖析和验证森林生态服务使用权证资产化的经济学内涵。进一步选择实验区块开展实证研究，对森林生态服务资产化方式与私人交易、开放交易和公共支付三级市场体系的运行机制进行完善和重构。

附 录

附表 1 1999～2007 年度国有林区及全国统计数据列表

Additional table. 1 Statistical data list of national forest area and country from 1999 to 2007

年份		1999	2000	2001	2002	2003
经济层面	人均 GDP[元/(人·人)]	4694	4976	5098	5552	6066
	万元产值木材消耗量[立方米/(万元·年)]	3.681	3.203	2.559	2.069	1.812
	万元 GDP 工业废气排放量(吨/万元)	0.069	0.067	0.062	0.059	0.050
	万元工业增加值用水量(吨/万元)	112.816	106.580	100.689	108.479	86.639
	万元工业总产值的未达标废水排放量(吨/万元)	16.021	14.912	4.211	2.079	1.622
	万元工业总产值未利用固体废物排放量(吨/万元)	0.990	0.610	0.746	0.574	0.663
	单位国内生产总值能耗(吨标准煤/万元)	2.867	2.685	2.896	2.477	2.392
	林业在岗职工人均林业产值(元/人)	11693.702	14494.683	17078.609	18706.275	7908.925
	非林产值占地区总产值比重(%)	55.170	58.108	58.599	67.270	71.848
生态层面	林业经营活动减少活立木蓄积占总蓄积比率(%)	1.748	1.446	1.369	1.228	1.250
	森林覆盖率(%)	74.9	75.4	81.4	82.2	82.3
	水土保持率(%)	88.102	86.687	86.709	86.757	86.801
	封山育林面积占森林总面积比例(%)	5.539	5.831	7.057	7.054	6.792
	每平方公里土地涵养水源量(万立方米/平方公里)	2.282	18.678	26.240	22.677	24.669
	空气达标指数(%)	95.068	95.890	95.890	92.877	93.425
	森林蓄积量增长率(%)	−13.073	−8.194	−6.521	0.974	2.713

（续）

	年份	1999	2000	2001	2002	2003
社会层面	恩格尔系数(%)	39.68	36.58	37.6	34.2	35.5
	城镇居民人均可支配收入的购买力系数	40.763	45.670	46.195	49.147	53.726
	失业率(%)	3.0	3.0	2.9	3.4	5.5
	城镇化水平(%)	83.842	85.584	85.510	84.052	85.305
	城镇居民人均社会保障、福利和卫生保健费用(元/人)	368.360	458.121	456.060	634.365	632.138
	城镇人均年度教育经费购买力平价(1979年为基准)	252.628	277.560	346.348	386.333	490.719
经济层面	人均GDP[元/(人·人)]	6784	7801	8974	10156	14040
	万元产值木材消耗量[立方米/(万元·年)]	1.615	1.399	1.161	1.028	0.621
	万元GDP工业废气排放量(吨/万元)	0.042	0.040	0.038	0.035	0.022
	万元工业增加值用水量(吨/万元)	76.338	103.922	184.879	157.763	80.386
	万元工业总产值的未达标废水排放量(吨/万元)	1.389	1.323	1.838	1.356	0.963
	万元工业总产值未利用固体废物排放量(吨/万元)	0.602	0.327	0.464	0.422	0.258
	单位国内生产总值能耗(吨标准煤/万元)	1.773	1.670	1.924	1.890	1.126
	林业在岗职工人均林业产值(元/人)	42238.031	47754.606	51446.341	60912.432	43922.062
	非林产值占地区总产值比重(%)	33.152	36.214	39.813	39.472	70.000
生态层面	林业经营活动减少活立木蓄积占总蓄积比率(%)	0.979	0.878	0.902	0.823	1.113
	森林覆盖率(%)	79.2	80.3	80.6	80.6	85
	水土保持率(%)	86.839	86.890	86.890	86.891	90.000
	封山育林面积占森林总面积比例(%)	7.058	7.233	7.087	6.365	7.821
	每平方公里土地涵养水源量(万立方米/平方公里)	35.837	26.057	31.576	25.929	30.294
	空气达标指数(%)	92.877	95.616	97.808	97.534	95.000
	森林蓄积量增长率(%)	0.192	2.547	−0.757	7.780	3.028

（续）

年份		1999	2000	2001	2002	2003
社会层面	恩格尔系数(%)	34.7	35.8	40.5	35.7	36.69
	城镇居民人均可支配收入的购买力系数	60.433	62.809	69.661	73.426	104.097
	失业率(%)	5	5.4	4.8	4.4	4.2
	城镇化水平(%)	85.690	86.515	86.342	86.188	42.990
	城镇居民人均社会保障、福利和卫生保健费用(元/人)	736.005	1096.626	1201.635	1131.698	1630.032
	城镇人均年度教育经费购买力平价(1979年为基准)	547.448	609.615	752.678	614.412	832.843

附表 2 1999～2007 年度伊春国有林区、黑龙江省与全国统计数据列表

Additional table. 2 Statistical data list of national forest area, Heilongjiang province and country from 1999 to 2007

分类	评价指标	1999	2000	2001	2002	2003	2004	2005	2006
投入指标	年度工业固定资产净值平均额(X1 亿元/年)	51.14	50.21	52.23	53.97	56.8	29.48	34.03	41.79
	年度流动资产年平均余额(X2 亿元/年)	45.93	54.53	54.39	56.36	58.09	27.1	33.01	30.44
	工业系统的年度从业人数(X3 万人/年)	21.97	20.7	17.63	15.42	14.56	4.17	4.18	4.59
	年度工业废气排放量(X4 万吨/年)	4.26	4.4	4.2	4.3	3.98	3.73	4.08	4.44
	年度未达标工业废水排放量(X5 万吨/年)	1036	1003	305	163	137	127	118.84	182
	年度未利用固体废物排放量(X6 万吨/年)	64	41	54	45	56	55	29.36	46
	工业系统年度能源消耗量(X7 万吨标准煤/年)	187.54	185.86	181.72	177.36	174.17	155.54	169.35	221.17
产出指标	工业系统的主营业务收入(Y1 亿元/年)	33.53	32.75	33.75	36.01	38.23	38.23	48.37	52.81
	工业系统的净利润总额(Y2 亿元/年)	−1.372	−0.216	0.236	0.7	0.314	0.783	1.356	0.406
	工业系统的总资产利税率(V1 %)	−1.069	1.148	1.969	2.975	2.515	5.973	7.342	4.132
	工业系统全员劳动生产率(V2 万元/人)	0.746	0.817	1.043	1.208	1.348	3.801	4.497	4.723

（续）

分类	评价指标	2007	黑龙江 07	黑龙江 02	黑龙江 99	全国标准 2007	全国标准 2003	全国标准 1999
投入指标	年度工业固定资产净值平均额(X1 亿元/年)	39.41	2603.8	2245.1	1413.3	105805.2	59482.7	44136.9
	年度流动资产年平均余额(X2 亿元/年)	30.28	2341.8	1692.7	1433.8	125286.2	60798.4	45420.6
	工业系统的年度从业人数(X3 万人/年)	4.1	140.3	168.8	218.4	7358.4	3729	4753
	年度工业废气排放量(X4 万吨/年)	4.63	100.8	69	75.5	3907.4	3307.2	4100
	年度未达标工业废水排放量(X5 万吨/年)	164	5457	3468	17128	223485	241491	774128
	年度未利用固体废物排放量(X6 万吨/年)	51	1063	816	970	58940	44448	46656
	工业系统年度能源消耗量(X7 万吨标准煤/年)	246.28	3546.8	2343.8	2408	175137	102181	94409
产出指标	工业系统的主营业务收入(Y1 亿元/年)	57.72	5773.8	2538.7	1707	313592.5	109485.8	64148.9
	工业系统的净利润总额(Y2 亿元/年)	1.761	1267.6	459.2	195.8	19504.4	5784.5	1458.1
	工业系统的总资产利税率(V1 %)	7.165	52.72	26.57	16.67	23.243	17.731	13.03
	工业系统全员劳动生产率(V2 万元/人)	5.614	18.276	7.476	4.275	12.377	8.848	4.082

参考文献

1 贾治邦．深入贯彻落实中央决策部署 努力实现林业发展宏伟目标——在全国林业厅局长会议上的讲话．中国林业，2010.4：4～16.

2 国家林业局．第七次全国森林资源清查结果．http：//www.forestry.gov.cn/. 2010.1.

3 国家林业局．2009 年全国林业经济运行状况报告．http：//www.forestry.gov.cn/. 2010.1.

4 国家林业局．2008 年全国林业经济运行状况报告．http：//www.forestry.gov.cn/. 2009.1.

5 国家林业局．2007 年全国林业经济运行状况报告．http：//www.forestry.gov.cn/. 2008.1.

6 荆立新．东北国有林区林业生态经济发展模式研究．东北林业大学，2009.3.

7 Robert Constanza，Ralph D Arge and Rudolf de Groot，et al. The Value of the World's Ecosystem Service and Natural Capital. Nature. 1997，387：253～260.

8 Richard B，Howarth and Farber S.. Accounting for the Value of Ecosystem Services. Ecological Economics. 2002，41(3)：421～429.

9 Terry L. Anderson，Donald R. Leal. 环境资本运营：生态效益与经济效益的统一．翁端译．北京：清华大学出版社，2000.

10 P. Richmrd，Timmerman P. Vulnerability Resilience and the Collapse of Society. Environmental Monograph. Toronto：Institute for Environmental Studies. 2009.

11 S. Grossberg A Leone，M N Ripa，V Uricchio，J Deák and Z Vargay. Vulnerability and Risk Evaluation of Agricultural Nitrogen Pollution for Hungary's Main Aquifer Using DRASTIC and GLEAMS Models. Journal of Environmental Management. In Press，Corrected Proof，Available Online 3 December. 2007.

12 Margalef R and Per Angelstam. Implementing Sustainable Forest Management in Ukraine's Carpathian Mountains：The role of Traditional Village Systems. Forest Ecology and Management. 2009，249(2)：28～38.

13 Johnson Wu D. Kneeshaw. Local Level Criteria and Indicator Frameworks：A Tool Used to Assess Aboriginal Forest Ecosystem Values. Forest Ecology and

Management. In Press, Corrected Proof, Available online 21 February. 2008.

14 Magnus Karlsson, Anna Wolf. Using an Optimization Model to Evaluate the Economic Benefits of Industrial Symbiosis in the Forest Industry. Journal of Cleaner Production. In Press, Corrected Proof, Available online 3 December. 2010.

15 王玉芳，蒋敏元．国有林区经济生态社会系统协同发展机理研究．东北林业大学，2006.

16 党凤兰等．中国国有林区管理制度研究．北京林业大学，2006.

17 冯振环，赵国杰．区域经济发展的脆弱性及其评价体系研究——兼论脆弱性与可持续发展的关系．现代财经：天津财经学院学报，2009，29(10)：54～57．

18 赵国杰，张炜熙．区域经济社会脆弱性研究——以河北省为例．上海经济研究,2009，(1)：66～69 96.

19 李克让等．中国自然生态系统对气候变化的脆弱性评估．地理研究，2010，29(5)：653～663.

20 Silveria Maltese. Use of Immunofluorescence Technique in Cultured Fibroblasts from Mediterranean Cetaceans As New "In Vitro" Tool to Investigate Effects of Environmental Contaminants. Marine Environmental Research. 2008, 66(1): 151～153.

21 卢欣石．区域系统生态功能评价指标体系．生态学报，2009，29(5)：2622～ 2630.

22 邱彭华，徐颂军等．基于景观格局和生态敏感性的海南西部地区生态脆弱性分析．生态学报，2010，29(4)：1257～1264.

23 佘廉．城市物流系统安全性研究——脆弱性及其评价指标集．武汉理工大学学报，2010，23(3)：286～290.

24 C. L. Chambers. Wildlife Responses to Thinning and Burning Treatments in Southwestern CONIFER Forests: A Meta－analysis. Forest Ecology and Management. 2009, 259(3): 333～342.

25 Binayak Sen. Drivers of Escape and Descent: Changing Household Fortunes in Rural Bangladesh. World Development. 2010, 37(3): 513～534.

26 Kvarner Turner. Sustainability and Forest Transitions in the Southern Yucatán: The Land Architecture Approach. Land Use Policy. 2009, 27(2): 170～179.

27 B John Garrick. The Use of Risk Assessment to Evaluate Waste Disposal Facilities in the United States of America. Safety Science. 2009, 45(1): 135～ 151.

28 马阿滨，李俊清．黑龙江森工林区可持续发展综合评价指标体系研究．北京林业大学，2006.

29 王玉芳，蒋敏元．国有林区经济生态社会系统协同发展机理研究．东北林业大学，2006.

30 孔正云，寇文正．生态脆弱区森林资源及其管理综合分析的研究．北京林业大学，2005.

31 谷振滨，王立群．中国森林资源变动与经济增长关系研究．北京林业大学，2007.

32 P Richmrd，Timmerman P. Vulnerability Resilience and the Collapse of Society. Environmental Monograph. Toronto：Institute for Environmental Studies. 2010.

33 Wilkie Sagl. The Relation between Forest Clearance and Household Income Among Native Amazonians：Results from the Tsimane′ Amazonian Panel Study. Bolivia. Ecological Economics. 2009，68(6)：1864～1871.

34 J. R. Koch. From Guiding Principles for the Conservation of Forest Biodiversity to On-ground Practice：Lessons from Tree Hollow Management in Tasmania. Forest Ecology and Management. 2009，258(4)：516～524.

35 Cristina Montiel Molina. Cultural Heritage，Sustainable forest Management and Property in Inland Spain. Forest Ecology and Management. 2010，252(2)：80～90.

36 Gordon M. Hickey. Evaluating Sustainable Forest Management. Ecological Indicators. 2008，8(2)：109～114.

37 Don Wijewardana. Criteria and Indicators for Sustainable Forest Management：The Road Travelled and the Way Ahead. Ecological Indicators. 2008，8(2)：115～122.

38 M. Clausen. Wood-inhabiting Macrofungi in Danish Beech－forests - conflicting Diversity Patterns and Their Implications in a Conservation Perspective. Biological Conservation. 2010，126(4)：633～642.

39 Juslin Hansen. Strategies，Functions and Benefits of Forest Certification in Wood Products Marketing：Perspectives of Finnish suppliers. Forest Policy and Economics. 2009，12(4)：380～391.

40 姚云峰等．赤峰市林业生态经济可持续发展测度与评价．干旱区资源与环境，2010，24(7)：10～15.

41 张智光．森林资源－环境－经济复合大系统可持续发展优化模型及其应用．中国人口资源与环境，2009，19(6)：85～89.

42 罗杨．基于熵权重的喀斯特地区林业可持续发展评价方法．南京林业大学学报，2010，34(1)：114～118.

43 雷孝章．中国生态林业工程效益评价指标体系．自然资源学报，1999，14(2)：175～182.

44 H. Todum，Pimentel David W and Pearce Corin G. T. The Value of Forest Ecosystems. A Report to The Secretariat Convention on Biological Diversity. 2010.

45 Nordhaus M H Hamza, A Added, R Rodríguez, S Abdeljaoued and A Ben Mammou. A GIS—based DRASTIC Vulnerability and Net Recharge Reassessment in an Aquifer of a Semi—arid Region (Metline—Ras Jebel—Raf Raf Aquifer, Northern Tunisia). Journal of Environmental Management. 2009, 86(1): 12～19.

46 S. Grossberg A Leone, M N Ripa, V Uricchio, J Deák and Z Vargay. Vulnerability and Risk Evaluation of Agricultural Nitrogen Pollution for Hungary's Main Aquifer Using DRASTIC and GLEAMS Models. Journal of Environmental Management. In Press, Corrected Proof, Available online 3 December. 2009.

47 Rosen. R, Terje Aven. A Unified Framework for Risk and Vulnerability Analysis Covering Both Safety and Security. Reliability Engineering & System Safety. 2010, 96(6): 745～754.

48 江泽慧．发展低碳经济，建设现代林业，全面推进林业血防建设．湿地科学与管理，2010，(1)：4～6.

49 刘国成．我国森林生态与林业产业耦合研究．东北林业大学，2007.

50 费本华．中国现代林业建设及其产业发展浅析．世界林业研究，2009，20(5)：27～32.

51 赵尘．工业生态学在林业产业中的应用研究进展与展望．世界林业研究，2010，23(2)：32～37.

52 蒋敏元，包玉华．试论社会主义生态建设主体下的林业可持续发展．林业经济问题，2009，29(5)：421～424.

53 Margalef R and Per Angelstam. Implementing Sustainable Forest Management in Ukraine's Carpathian Mountains: The role of Traditional Village Systems. Forest Ecology and Management. 2010, 249(2): 28～38.

54 Johnson Wu D. Kneeshaw. Local level Criteria and Indicator Frameworks: A Tool Used to Assess Aboriginal Forest Ecosystem Values. Forest Ecology and Management. In Press, Corrected Proof, Available online 21 February. 2008.

55 J R Hitczter, A. D. Wilson, S. M. Davey and M. M. Eddington. Sustainable Forest Management Reporting in Australia. Ecological Indicators. 2008, 8(2): 123～130.

56 Jouni Korhonen, Roberto Scotti and Marisa Cadoni. A Historical Analysis of Traditional Common Forest Planning and Management in Seneghe, Sardinia—Lessons for Sustainable Development. Forest Ecology and Management. 2009, 251(2): 116～124.

57 Mattson, Michael James. A GIS Based DRASTIC Model for Assessing Ground

water Vulnerability in Shallow Aquifer. Applied Geography. 2008，28(1)：32～53.

58 Kishine T. Development of Mathematics Model for Forst Policy Formation and its Optimizing Simulation. 28th IUFRO World Congress. Division 4. 2006：301～304.

59 刘于鹤，林进．加强森林培育、振兴东北老森工基地．林业科学，2009，45(4)：106～111.

60 李碧珍．产业融合：林业产业化转换的路径选择．林业经济，2009，(11)：59～62.

61 魏远竹．林权改革中的森林资源资产评估管理研究．林业工作研究，2010，(8)：9～16.

62 翟中齐．新时期国有林场改革与可持续发展研究．北京林业大学，2008.

63 Magnus Karlsson and Anna Wolf. Using an Optimization Model to Evaluate the Economic Benefits of Industrial Symbiosis in the Forest Industry. Journal of Cleaner Production. In Press，Corrected Proof，Available online 3 December. 2009.

64 P. Krugmna，A. Venables. Event Analysis of the Impact of Mergers and Acquisitions on the Financial Performance of the U. S. Forest Products Industry. Forest Policy and Economics. In Press，Corrected Proof，Available online 21 February. 2008.

65 M. Slesser. Creating Value with Innovation：From Centre of Expertise to the Forest Products Industry. Forest Policy and Economics. 2010，11(7)：751～761.

66 Samuel D. Brody，Sean B. Cash，Jennifer Dyke and Sara Thornton. Motivations for the Forestry Industry to Participate in Collaborative Ecosystem Management Initiatives. Forest Policy and Economics. 2010，12(2)：123～134.

67 王伟英．建立森林可持续经营保障体系的构想．财会月刊，2009，(21)：15～19.

68 竺肇华．社区森林经营的生态可持续性度量．林业科学研究，2009，21(3)：305～309.

69 王凤友．林业可持续发展指标体系和综合评价研究概述．防护林科技，2010，(4)：111～119.

70 姜宏伟，黄清．关于黑龙江省国有林区发达产业体系建设的探讨．林业经济，2009，(10)：18～20.

71 蒋敏元等．林区分工论与国有林区发展．中国林业经济，2006，(4)：17～25.

72 马天乐等．南方集体林区森林可持续经营的林权制度研究，北京林业大学．2005.

73 党凤兰等．中国国有林区管理制度研究．北京林业大学，2006.

74 Robert M. Ball，Soeial Seeurity：Today and Tomormw. NewYork. Columbia Universit Press，2003：28～29.

75 布兰查德·费希尔．林业经济学．北京：经济科学出版社，2004.

76 Vito Tanzi and Ludger Schuknecht. Public Spending in the 20th Century：A Global Perspective，Cambricdge. 2002：223～227.

77 Stephen and Karen Rowlingson. Social security in Britian. Macmillan Press Ltd. 2005：78～80.

78 Michel Walzer. Comparative Welfare Systems：the Scandinavian Model in a Period of Change. New York. N. Y. St. Martins Press. 2007.

79 Michael James. A GIS based DRASTIC Model for Assessing Groundwater Vulnerability in Shallow Aquifer. Applied Geography. 2008，(1)：32～53.

80 李克让等．中国自然生态系统对气候变化的脆弱性评估．地理研究，2005，(5)：653～663.

81 万洪秀等．博斯腾湖湿地生态脆弱性评价研究．干旱区地理，2006，(2)：248～254.

82 申元村．宁夏中部生态脆弱区土地利用变化及沙漠化响应．地理研究，2007，(6)：1156～1164.

83 叶正伟．基于生态脆弱性的淮河流域水土保持策略研究．水土保持通报，2007，27(3)：141～145 156.

84 Timmerman P. Vulnerability Resilience and the Collapse of Society. Environmental Monograph. Toronto：Institute for Environmental Studies. 2001.

85 Gaber T，Griffith T K. The Assessment of Community Vulnerability to Acute Hazardous Materials Incidents. Journal of Hazardous Materials. 2007，(8)：323 ～ 333.

86 Diana Liverman. Assessing Impacts，Adaptation and Vulnerability：Reflections on the Working Group II Report of the Intergovernmental Panel on Climate Change. Global Environmental Change. 2008，18(1)：4～7.

87 R. J. Thomas. Opportunities to Reduce the Vulnerability of Dryland Farmers in Central and West Asia and North Africa to Climate Change. Agriculture，Ecosystems & Environment. 2008，126(2)：36～45.

88 Hans G. Bohle，Thomas E. Downing and Michael J. Watts. Climate Change and Social Vulnerability：Toward a Sociology and Geography of Food Insecurity.

Global Environmental Change. 2004，7(1)：37～48.

89 Colin Polsky，Rob Neff. Building Comparable Global Change Vulnerability Assessments：The Vulnerability Scoping Diagram. Global Environmental Change. 2007，17(4)：472～485.

90 杨勤业，张镱锂．中国的环境脆弱性形式和危机区域．地理研究，1992，11(4)：1～9．

91 罗承平，薛纪渝．中国北方农牧交错带生态脆弱带特征、环境问题及综合整治战略．生态环境综合整治和恢复技术研究(第一集)．北京：科学技术出版社，2002.

92 刘燕华，李秀彬．脆弱生态环境与可持续发展．北京：中国对外经济贸易出版社，2002.

93 赵国杰，张炜熙．区域经济社会脆弱性研究——以河北省为例．上海经济研究，2006，(1)：66～69 96.

94 冯振环，赵国杰．西部地区经济发展的脆弱性与优化调控研究．天津大学，2003. 7.

95 刘耀彬，李仁东．江苏省城市化与生态环境的耦合规律分析．中国人口·资源与环境，2006，16(1)：47～51.

96 胡锦涛．在中国共产党第十七次全国代表大会上的报告．新华社，2007. 10. 24.

97 Kuznets S. Economic Growth and Income Inequality. American Ecinomic Review. 1955，45(1)：12～28.

98 Grossman GM，Krueger A B. Environmental Impacts of a North American Free Trade Agreement. Priniceton. NT：WoodrowWilson School. 1992.

99 Grossman G M，Alan K. Economic Growth and the Environment. Quarterly Journal of Economics. 1995，110(2)：13～24.

100 胡聃，许开鹏，杨建新等．经济发展对环境质量的影响———环境库兹涅茨曲线国内外研究进展．生态学报，2004，24 (6)：1259～1266.

101 韩贵锋，徐建华，苏方林等．环境库兹涅茨曲线(EKC)研究评述．环境与可持续发展，2006，(1)：123.

102 Shafik N，Bandyopadhyay S. Economic Growth and Environmental Quality：Time Series and Cross－country Evidence. Background Paper for World Development Report 1992. Washington DC：World Bank，1992.

103 凌亢，王浣尘，刘涛．城市经济发展与环境污染关系的统计研究．统计研究，2001，(11)：46～56.

104 吴开亚，陈晓剑．安徽省经济增长与环境污染水平的关系研究．重庆环境科学，2003，25（6）：9～11.

105 谢贤政，万静，高毫洲．经济增长与工业环境污染之间关系计量分析．安徽大学学报(哲学社会科学版)，2003，27(5)：144～153.

106 尹静．边干边学和人力资本内生化的内生经济增长模型．世界经济文汇，2003，(1)：30～43.

107 贺俊，陈华平，毕功兵．一个基于产品水平创新和人力资本的内生增长模型．数量经济技术经济研究，2006，(9)：127～131.

108 张涛．经济持续增长的要素分析．数量经济技术经济研究，2001，(4)：43～45.

109 孙刚．污染、环境保护和可持续发展．世界经济文汇，2004，(5)：47～51

110 薛晓芳，覃正．虚拟企业的知识创新机制及其知识生态位研究．情报杂志，2008，(8)：73～76.

111 Yang S. L., Li T. F. Agility Evaluation of Mass Customization Product Manufacturing. Journal of Materials Processing Technology. 2002，129(1)：640～644.

112 何巨峰．基于生态位的技术能力演化模型．工业工程，2008，11(3)：32～36.

113 Dore D L. Wellsp Rings of Knowledge：Building and Sustaining the Sources of Innovation. Boston：Harvard Business School Press. 2005.

114 纪秋颖，林健．基于生态位理论的高校核心能力评价方法研究．中国软科学，2006，(9)：145～150.

115 许芳，李建华．企业生态位原理及模型研究．中国软科学，2005，(5)：130～139.

116 闫安，达庆利．基于生态位构建的企业进化模型．华东经济管理，2009，23(1)：83～86.

117 肖杨，毛显强．城市生态位理论及其应用．中国人口、资源与环境，2008，18(5)：41～45.

118 Laland K N，Odling，Smee F J and Feldman M W. Evolutionary Consequences of Niche Construction：A Theoretical Investigation Using Two Locus Theory. Journal of Evolutionary Biology. 2006，19(3)：293～316.

119 武晓辉，韩之俊，杨世春．区域产业集群生态位理论和模型的实证研究．科学学研究，2006，24(6)：72～77.

120 Christophe Boone，Arjen Vanwitteloostuijn. Industrial Organization and Organizational，Ecology：the Potentials for Cross－fertilization. Organization Studies. 2005，26(2)：265～274.

121 王雄．赤峰市林业生态经济可持续发展测度与评价．干旱区资源与环境，

2007，21(7)：10～15.

122 贾治邦．坚持兴林富民、加快发展步伐、努力构建我国发达的林业产业体系．林业经济，2007，(10)：3～8.

123 贾治邦．拓展三大功能构建三大体系——论推进现代林业建设．林业经济，2007，(8)：3～7.

124 费本华，樊宝敏．中国现代林业建设及其产业发展浅析．世界林业研究，2007，(5)：27～32.

125 胡锦涛．在中国共产党第十七次全国代表大会上的报告．新华社，2007.10. 24.

126 Helminen RR. Develop Ingtangible Measures for Eco－efficiency：The Case of the Finnish and Swedish Pulp and Paper Industry. Business Strategy and the Environment. 2000，(9)：196～210.

127 Hua Z S，Bian Y W and Liang L. Eco－efficiency Analysis of Peppermills Along the Huai River：An extended DEA approach. Omega. 2007，35：578～587.

128 Agosto M，Ribeiro SK. Eco－efficiency Management Program (EEMP)：A model for Road Fleet Operation Transportation Research Part D：Transport and Environment. 2004，9：497～511.

129 Kuosmanen T，Kortelainen M. Measuring Eco－efficiency of Production with Data Envelopment Analysis. Journal of Industrial Ecology. 2005，(9)：59～72.

130 Korhonen P. J.，Lup tacik M. Eco－efficiency Analysis of Power Plants：An Extension of Data Envelopment Analysis. European Journal of Operational Research. 2004，154：437～446.

131 戴铁军，陆钟武．钢铁企业生态效率评价．东北大学学报(自然科学版)，2005，26(12)：1168～1173.

132 Kristina R. Assessing the Eco－efficiency of End of Pipe Technologies with the Environmental Cost Efficiency Indicator：A Case Study of Solid Waste Management. Journal of Industrial Ecology. 2005，9(4)：189～203.

133 齐二石等．基于超效率 DEA 的钢铁工业绿色规模经济．工业工程，2008，11(4)：1～4.

134 Maxime D，Marcotte M and Arcand Y. Development of Eco－efficiency Indicators for the Canadian food and Beverage Industry. Journal of Cleaner Production. 2006，14：636～ 648.

135 吴育华，甘世雄．电力工业效率分析与实证研究．武汉理工大学学报，2004，

26(8)：90～92.

136 司伟，王秀清．中国制糖工业效率评价与分析．管理评论，2005，17(8)：34～39.

137 赵海霞等．工业行业资源节约程度评价研究——以南京市为例．自然资源学报，2008，23(5)：893～902.

138 王寿兵，柏红霞．中国工业系统各行业综合污染度评价方法与实例．中国人口资源与环境，2008，18(6)：127～133.

139 Kuznets S. Economic Growth and Income Inequality. American Ecinomic Review. 1955，45(1)：12～28.

140 Grossman GM，Krueger A B. Environmental Impacts of a North American Free Trade Agreement. Priniceton，NT：WoodrowWilson School. 1992.

141 Grossman G M，Alan K. Economic Growth and the Environment. Quarterly Journal of Economics. 1995，110(2)：13～24.

142 胡聃，许开鹏，杨建新等．经济发展对环境质量的影响——环境库兹涅茨曲线国内外研究进展．生态学报，2004，24(6)：1259～1266.

143 韩贵锋，徐建华，苏方林等．环境库兹涅茨曲线(EKC)研究评述．环境与可持续发展，2006，(1)：123.

144 潘家华．持续发展途径的经济学分析．北京：中国人民大学出版社，1997.

145 李周，包小斌．中国环境库兹涅茨曲线的估计．科技导报，2002，(4)：57～58

146 吴玉萍，董锁成，宋键峰．北京市经济增长与环境污染水平计量模型研究．地理研究．2002，21(2)：241～246.

147 杨凯，叶茂，徐启新．上海市废弃物增长的环境库兹涅茨特征研究．地理研究,2003，22(1)：60～66.

148 高振宁，旭波，邹长新．江苏省环境库兹涅茨特征分析．农村生态环境，2004，20(1)：41～43.

149 沈满洪，许云华．一种新型的环境库兹涅茨曲线———浙江省工业化进程中经济增长与环境变迁的关系研究．浙江社会科学，2000，(4)：53～56.

150 凌亢，王浣尘，刘涛．城市经济发展与环境污染关系的统计研究．统计研究，2001，(11)：46～56.

151 吴开亚，陈晓剑．安徽省经济增长与环境污染水平的关系研究．重庆环境科学，2003，25(6)：9～11.

152 谢贤政，万静，高毫洲．经济增长与工业环境污染之间关系计量分析．安徽大学学报(哲学社会科学版)，2003，27(5)：144～153.

153 刘耀彬，李仁东．武汉市“三废”排放的库兹涅茨特征及原因探析．城市环境与城市生态，2003，16(6)：44～45.

154 尹航，孙希波，傅毓维．基于熵值法确权的科技成果转化项目后评价研究．科学学与科学技术管理，2007，28(10)：20～25.

155 尹航，李柏洲．基于超效率混合DEA模型的区域工业系统运行效率分析与评价．运筹与管理，2008，17(4)：143～151.

156 岳上植，惠晓峰．构建以国家为依托的森林资产会计核算新体系．中国软科学，2006，(9)：58～68.

157 王让会，于谦龙，张慧芝等．森林生态系统生态资产核算的模式与方法．生态环境，2008，17(5)：1903～1907.

158 乔玉洋．林业非营利单位森林生态价值会计核算理论探讨．世界林业研究，2008，21(6)：1～7.

159 Richard B，Howarth，Farber S. Accounting for the Value of Ecosystem Services. Ecological Economics. 2002，41(3)：421～429.

160 严立冬，谭波，刘加林．生态资本化：生态资源的价值实现．中南财经政法大学学报，2009.2：3～10.

161 Terry L. Anderson，Donald R. Leal. 环境资本运营：生态效益与经济效益的统一．翁端译．北京：清华大学出版社，2000.

162 范小杉，高吉喜，温文．生态资产空间流转及价值评估模型初探．环境科学研究，2007，20(5)：160～164.

163 Robert Constanza，Ralph D Arge and Rudolf de Groot，et al. The Value of the World's Ecosystem Service and Natural Capital. Nature. 1997，387：253～260.

164 梁丽芳，张彩虹．构建森林生态服务市场的经济学分析．经济研究，2007，(6)：78～81.

165 唐英．流域森林生态环境服务交易及其理论分析框架．长沙理工大学学报(社会科学版)，2008，23(4)：120～123.

166 廖卫东．我国生态领域产权市场的优化——以自然资源产权与排污权为例．当代财经，2003，(4)：25～29.

167 Robert Baldwin. The Rise of Emissions Trading. Regulation & Governace. 2008，(2)：193～215.

168 Convery J，Redmond L. Market and Price Developments in the European Union Emissions Trading Scheme. Review of Environmental Economics and Policy. 2007，(1)：88～111.

169 Stavins R. Transaction Costs and Tradable Permits. Journal of Environmental Economics and Management. 1995，(29)：133～148.

170 波特．国家竞争优势．中译本．北京：华夏出版社，2002.

171 朱海燕．产业集群升级：内涵、关键要素与机理分析．科学学研究，2009，26(2)：380～390.

172 Boari C，Lipparini A. Networkswithin Industrial Districts：Organising Knowledge Creation and Transfer By Means of Moderate Hierarchies. Journal of Management and Governance. 2006，3(4)：339～360.

173 Gordon IR，McCann P. Industrial Clusters：Complexes，Agglomeration and /or Social Networks? . Urban Studies. 2000，37(3)：513～532.

174 Pietrobelli C，Samper J. Measurement of Europe - asia Technology Exchanges：Asymmetry and Distance. Science and Public Policy. 2007，34(4)：255～271.

175 Ammarino S，McCann P. The Structure and Evolution of Industrial Clusters：Transactions，Technology and Knowledge Spillovers. Research Policy. 2006，35(7)：1018～1036.

176 邵文武，黄训江，胡望斌．产业集群形成与演化的结构研究．工业技术经济，2008，27(12)：94～97.

177 王发明，蔡宁．基于组织生态理论的产业集群演进动力研究．现代管理科学，2009，(3)：37～39.

178 Brenner R. Analysis in Hierarchy and Game Theory of the Highly Credible Advantages of the Industrial Cluster . Industrial Engineering and Management. 2005，10(4)：31～34.

179 熊爱华．区域品牌与产业集群互动关系中的磁场效应分析．管理世界，2008，8：176～177.

180 杨柳．论地理品牌与产业集群的价值实现．软科学，2008，22(12)：114～118.

181 梅莉．区域经济发展与产业集群理论．经济研究，2009，(1)：114～116.

182 Keeble，Wilkinson. Collective Learning and Knowledge Development in the Evolution of Regional Clusters of High Technology SME's in Europe. Regional Studies. 1999，33(4)：295～303.

183 Mrtin R，Sunley P. Deconstructing Clusters：Chaotic Concept or Policy Panacea? . Journal of Economic Geography. 2003，3(1)：5～35.

184 吴秋明．集成管理论．北京：经济科学出版社，2004.

185 Qiu-mingWu，Bi-Qiang Li and Chan-fu Zhang. The Analysis of the Integrated Internal Force between Non-"Super Distance"Elements. Proceedings of 2003 International Conference on Management Science & Engineering. Harbin Institute of Technology Press. 2003，(8)：1253～1260